ビジネス書の「伝説」を超えられる!

職業としての「編集者」

すべての出版人&出版・編集をめざす人へ

片山一行

Katayama Ikko

H&I

私の編集者稼業——まえがきに代えて

■一人の出版人との出会いから

私がいわゆる「ビジネス書」の編集者になって、四〇年近くが過ぎた。そろそろあいつも賞味期限切れだ、と言われる年齢になりこのような本を書くことになった。

最初にお断りしておくが、本書は編集に関する論文ではない。編集者と著者の交遊録や回顧録でもない。「どうすれば、いい本、売れる本をつくることができるか？」という素朴な問いに対する、私なりの答えである。それは裏を返せば、「編集者とは？」といった命題に対する答えになるのかもしれない。

したがって本書の後半は「ビジネス書の〝構成〟とは？」「前書きの書き方」「タイトルの付け方」「カバーデザインをどう考えるか」……といったハウツーになっている。これも私にとっては、「編集論」の一部なのだろう。

「そんなに細かいところまで気にしなくても、企画が良ければ売れるんじゃないか」と思われる方も多いと思う。そのとおりである。編集の命は企画力だ。

しかし、一見小さく思えるテクニックが、売上げを左右することもある。

これまで多くの先輩編集者の方が「編集とは何なのか？」といった書籍を書かれてきたが、多くは文芸書編集、雑誌編集である。だが私は、編集者人生で携わってきた書籍のほとんどが、ビジネス実務書、啓蒙書だった。したがって本書も、「ビジネス書編集者の立ち位置」から書くことになると思う。

とはいえ文芸編集には役立たないかというと、そうではない。私自身、雑誌や小説や句集、詩集もつくっている。私は、「ビジネス書がつくれたらたいていのジャンルの本はつくれる」と思っている。ビジネス書は、さまざまな編集ノウハウを必要とするからである。

本書で何度も書くことになると思うが、編集者はあくまで黒子《くろこ》である。主役は著者でありブックデザイナーやイラストレーターを初めとする数々のスタッフであり、そして「読者」である。編集者が表面にしゃしゃり出てはならない、というのが持論でもある。

その私がこういう本を書くことは、思い切り矛盾しているではないかという批判は、甘んじて受けよう。しかし、黒子として残しておくべきこともあるはずだ。

編集者とは何をするのか、すべきなのか……?

売れる本がいい本なのか……?

売れなくても、いい本はあるのか……?

読者にとってインパクトのあるカバーやタイトル、見出しは……?

そもそも企画はどこから生まれるのか……?


このような問いに対し、本書でその答えを模索していくつもりである。

編集論の本は多い。しかし、この問いに答えてくれる書物は意外と少ない。おそらくそれは、イメージ的にはわかるがはっきりと答えの出ない問いだからであろう。

「文学とは何か?」「詩とは何か?」といった質問同様、あまりに究極的であり、答えが出せない質問でもあるからだ。

ただ私はこの仕事に携わって約四〇年間、本づくりのノウハウをそれなりに体得してきたつもりだ。ノウハウつまり技術である。もちろん技術だけ身につければ、いい編集者になれるとは言えないが、一定のセオリーは押さえておくべきだと思う。

どこまで書けるかわからないが、可能な限りそのセオリーは書きたい。

人にはそれぞれ個性がある。人生観、思想、知識などもある。こういったものを総動員して著者や装幀家、印刷所などと接していくのが、編集者の仕事だ。言い換えれば、これらすべてを総まとめにした「人格」で著者や出版関係者と真っ向から立ち向かい、結果として「書物」という形に仕上げて読者に手渡すのが、編集者という〝職業〟でもある。

そしてその「書物」は、いい本、売れる本であるべきなのだ。

この本は、一人の友人の勧めで生まれた。その友人は、高校時代の同期生である。

高校卒業後、彼は京都の大学に、私は東京の大学にもぐりこんだ。その後、彼はＰＨＰ研究所に、私は中経出版に就職した。ＰＨＰ研究所は現在、ビジネス書をメインとする大手総合出版社だが、一九七五年当時は「ビジネス書」というジャンルそのものが、生まれたばかりだった。そのなかで彼は新人ながら『ＶＯＩＣＥ』創刊に関わり、その後若くして『ＴＨＥ21』の編集長になった。

文学部だった私はビジネスとか経営、経済などとはまったく無縁の学生時代を過ごした。ところが入社した中経出版は、主に「経営実務書」を刊行している出版社だった。そして三〇歳のときに中経出版を辞め、一年後の初夏、「かんき出版」に入社した。かんき出版は今はビジネス書の中堅出版社だが、私が入社した頃は社員数名の零細企業だった。

何年かが過ぎ、かんき出版が少しずつ成長し始めた頃、当時の社長が、その彼を会社に連れてきて、私に引き合わせた。私はＰＨＰの彼の名前を知っていた。彼も、かんき出版のことは多少は知っていた。だが互いが、四国の片田舎の宇和島東高校同期生だったことは、そのとき初めて知ったのである。

以来、雑誌編集と書籍編集という違いはあるが、ときに酒を酌み交わす仲が続いている。

■フリーランス編集者として得たもの

それからさらに数年が過ぎた。

いろいろなことがあり、私は会社を辞することになった。一七年前、四五歳のときである。当時のかんき出版は、入社当時とは比べものにならないほど成長し、私もビジネス書業界のある種のディベロッパーとして多少は名前を知られるようになっていた。

あるとき彼が言った。

「お前はビジネス書業界で、さまざまな〝新機軸〟を打ち出してきた。これからは、そのノウハウを出版業界に広めてはどうか。『片山塾』を開くぐらいのつもりでやれ」

だが、当時の私は疲れ切っており、そういう野心もなかった。新しく出版社をつくる気持ちもなかった。もともと本来なら管理職としてあるいはコーチとして、彼の言う「片山塾」は、かんき出版内部で開き、後輩を育てていくのが私の役目だったはずだ。

そもそも編集などという仕事を選ぶ人間は良くも悪くも個性が強い。そういう人間を管理するのは、なかなかむずかしいものだ。しかし仮に部下を管理できないとしても、「コーチ」はすべきだった。当時の私にはそういう〝気持ちのしなやかさ〟がなかったのである。管理が苦手＝退職、という子供のような思考しかできなかった。

「お前も四〇歳を過ぎている。部下を管理し、後輩を育成するのが役目だ」

当時の上司の、ごくまっとうな忠告にどうしても納得できなかった。たとえて言えば、故本田宗一郎氏のように、いつまでも油まみれの現場にいたかったのだ。

あれから二〇年たった今なら、「いつまでも現場でワイワイ本をつくっていたい」という私の考えがわがままだとわかる。しかし当時の私は、悲しいほど幼かった。

「片山塾」は、そのまま立ち消えになった。私はフリーランスの編集者としていくつかの出版社と仕事をした。その過程で大きな驚きがあった。編集顧問のような仕事をしたいくつかの出版社で、自分が「かなりの教え魔」であると気づいたのだ。私は、自分の本づくりのノウハウと哲学を、ためらうことなく親子ほど年齢の違う若手編集者に教えていった。そうすると彼ら、彼女らがヒット作を出す。

それは自分のことのように嬉しかった。そしてまた教えることで、自分のなかで曖昧だったものが整理されていった。

フリーランスになって二〇年近くになるが、得たものはとても多い。

私は出版社を辞めてから、いわゆる「編集プロダクション」をつくらなかった。かんき出版時代、決して「いい上司」ではなかっただろうし「いいコーチ」でもなかっただろう。そういう私が編集プロダクションをつくって何人かの人間を雇って管理する――これでは、何のために会社を辞めたかわからない。

せっかくフリーランスになったのだから、自由に本づくりに携わりたかった。

仕事の形態としては、「一人編集プロダクション」である。だから年間に関わることができる本は、一〇冊程度だ。ただ、企画編集の実務以外に、「編集顧問」のような形で、ひとつの編集部を丸ごと、あるいは特定の編集者の指導を任されたりすることがあった。必然的に若手編集者の人たちとの交流も深まった。

私はここで、はからずも「片山塾」を開いていたのである。

■「編集者」という職業マンとして生きる！

話は少し前後するが、私は若い頃から「田舎暮らし」を考えていた。デザイナーや作家が地方で仕事をするのを見ていて、

「いつかは編集者も、東京ではなく地方で仕事ができるに違いない」

と思っていた。実はかんき出版を辞めたとき、すぐに地方移住を考えた。私のふるさとで

ある四国のどこかで仕事をしよう――と。だが東京から一〇〇〇キロ。さすがにそこまでの勇気はなかった。

そのうち、一気にネット社会がやってきた。いくつかクリアしなければならない問題はあったが、とにかく動くことだ、と私は郷里の愛媛県松山市郊外に移住した。実家の宇和島市からは一〇〇キロメートル足らずだ。

送別会のとき、かつて「片山塾」を勧めた友人が言った。

「お前は、形として『片山塾』は開かなかったが、この一〇年で、かんき出版以外に教え子が何人もできた。フリー編集者という厳しい状況で、ヒット作品も出した。本づくりのノウハウと信念、哲学を活字にしてはどうか」

教え子と言うほど偉そうなものではない。むしろ私が教わったことのほうが多いと、改めて強く思っている。若手編集者の感性は、私には常に刺激的だった。

迷ったが、彼の心意気を受け止めることにした。いざ書き始めると「これは一概には言えない……」ということが多すぎて一行も書けず、一日中パソコンのモニターに向かっていたこともあった。したがって脈絡のない箇所もあるかもしれないが、それはお許し願いたい。

編集という仕事はなかなか奥が深い。「こうすれば絶対売れる」というノウハウは、あるようでない。もしかしたらあるかもしれないが、一冊一冊、つくり方が微妙に違う。私にも自信を持って「これだ！」と言えるものは少ない。

だからこれから書くことのなかには、能書きのようなこともときどき出てくるかもしれない。ただ私なりに、その「何とも言えないノウハウ」をできる限り文章化したい。

■今こそ「編集力」が問われる

かんき出版を辞めてフリーになってからは、便宜上「出版プロデューサー」という肩書も使っているが、本来私は、編集者（エディター）である。だが、業界外の人には、なかなか仕事の中身はわかってもらえない。


一冊の本の制作は、まず著者がいて、企画があってスタートする。そのとき、企画を練ったり、著者と打ち合わせて本のプロット（大筋）をつくるのが、編集者の最初の仕事だ。原稿が書き上がってくると、それを読む。一字一句訂正できない大作家の原稿はともかく、そうでない場合は編集者が〝手直し〟することもある。

とくに文筆のプロではないコンサルタント、医師……といった方々が著者である場合、編集者は著者の意向を最大限尊重しながら、著者の文章に手を加えていく。

そして読者が読みやすいように全体を構成していく。その過程で見出しも付ける。本の〝顔〟でもある「タイトル」も考える。そのタイトル案とカバーデザインのイメージをカバーデザイナーに伝え、装幀（カバーや表紙デザインだけでなく、使用する用紙などを決めること）を依頼する。このときもデザイン案がいくつか出され、それらを比較検討していく。また、誌面構成（書体、文字の大きさなど）も考える。

これらの細かい仕事の積み重ねで、やっと一冊の本が生まれるのである。

勤めた出版社が小さかったこともあり、私は本づくりのほとんどの過程に関わってきた。もともと文章を書くのが好きなので、ゴーストライター的な仕事もした。

編集者を料理人にたとえる人もいる。たとえばここに原稿があり、二人の編集者がその原稿をそれぞれ自由に編集したとする。おそらく、まったく違ったものが出来上がってくるに違いない。たとえ二人が同じ編集部に属していても、である。

その意味で、原稿という素材を生かすも殺すも編集者しだいである。だからこそ責任も重いし、やり甲斐もある。

いくつかのハードルを越え、やっと一冊の本が完成し、しかもそれがベストセラーになったときの喜び、著者や読者に喜んでもらったときの喜びは、何ものにも代え難い。多くの編集者は、これが病みつきになってしまう。

ともあれ――。

本書で私は、編集とは何か、編集者とは何かについて、改めて考えてみたい。しかしそれは、これまで文芸出版の先輩編集者の方が書かれたものと、少し違うと思う。どこが違っているのか――それは初めに書いたように私の〝立ち位置〟がビジネス書だからだ。

初めは「経営実務書」だったビジネス書も、今ではかなり広範囲に及んでいる。そのなかで、「ビジネス書とは何か？」「売れる本とは何か？」「そういう本をつくる〝ノウハウ〟とは何か？」という問いかけをしていくつもりである。

もちろん私なりの「編集論・編集者論」も書いた。そのなかには本づくりのテクニック論だけではなく、編集者としての考えや〝こだわり〟も盛り込まれている。それは、とくに今の若い出版人にとっては、古臭い哲学かもしれない。

しかし、それを書かないと私の〝想い〟は伝わらないと思った。その一方で、本づくりの技術論にも多くのページを費やした。第3章のほとんどが、ハウツーである。

それらから、私の考える編集者像を読み取っていただければ幸いである。

電子書籍の時代に、「紙」の本の編集について書くことは、ナンセンスかもしれない。だが私は、心の底から編集という仕事が好きだ。それもビジネス書編集という仕事が。

そして、編集者という「職業」を続けてきたことを誇りに思う。

この本では、私という人間の〝原点〟を含めて、「私の考える編集者とは？」「私の考える編集技術とは?」……といったことをまとめたい。これまで世に出ている編集論の本とは多少、趣は違うかもしれないが、裏を返せばそれが私の編集論だということだ。そこから読者の皆さんに、編集者という職業について考えてもらえばいい。

＊

編集者の多くは体験主義者だと思う。私などその典型だろう。編集という仕事は盗むものだ、言葉で教えることなんかできない……はっきり言えば、この原稿を書いている今でも、まだそう思っている。しかし少しでも「文章化」できたらという思いで書いてみたい。

いま出版界は大きな過渡期にある。ここを乗り切るのは、出版人すべての課題でもある。とりわけ〝つくり手〟である編集者こそ、必死で知恵を出さなければならない。この拙い一冊が、そういう編集者の人たち、さらには書店、取次、印刷業を含めた出版関係者、そして出版人を志す多くの人の参考になれば嬉しく思う。

二〇一五年二月

エディター　片山一行

職業としての「編集者」

目次

私の編集者稼業──まえがきに代えて……I

［第1章］編集という職業とは何か？

──編集者は、アーティストを超えた職業人である

‖編集者とは、「本」という「商品」をつくる最前線の職業人である。
しかし主役ではない。

［第2章］編集者として最低限、備えておくべきもの

――「編集者」は、何でもできる黒子である

‖編集者は自らの全人格を賭けて
著者とやり取りをし、出来上がった本を読者に届ける。

［第3章］いい本、売れる本をこうしてつくる！
――編集者に求められる、いくつかの「技術」とは？

‖編集技術には原則とセオリーがある。
しかしそれらは、無味乾燥なマニュアルではない。

［第4章］大きく変化する出版界と編集者の対応は？

――今あえて、「出版、編集とは何か」を問い直す意味

〓編集者は総合芸術家であり、優れたマーケッターでもある。
そして何より、気骨のある編集者でありたい。

装幀・挿画――――石村紗貴子

第1章

編集という職業とは何か？

——編集者は、アーティストを超えた職業人である

編集者とは、「本」という「商品」をつくる最前線の職業人である。
しかし主役ではない。

1 私論・出版と編集のあるべきかたちとは?

◉――編集者という職業と営利主義のはざまで

私の職業は、「書籍編集者」である。四〇年近く、編集という仕事を続けてきた。編集にもいろいろあるが、たとえばテレビの番組などでは、編集者が画像データを切り貼りしたりテロップを入れて、三〇分、一時間の番組に仕上げる。

前書きでも触れたように、私の場合「ビジネス書編集」というジャンルである。文芸や雑誌の編集とはかなり違った面がある。

言うまでもなく、今、出版界は大きな変化の中にある。活字離れと言われるようになって約四〇年。出版という制度自体が行き詰まっているせいもあるが、何と言っても電子書籍の波である。しかし私は、〝つくり手〟つまり編集者が戸惑っているように思う。

今では全国書店の売上げや取次のデータが、ほぼリアルタイムで入手できる。

「あの本が売れている」

「あの著者が売れている」

ここまではいい。売れている本を超えるものをつくればいいし、売れている著者にまったく違ったテーマで書いてもらってもいい。しかし、ここで編集者が踏ん張らないと同工異曲の書籍ができ、それを「営業」が売ってくる。無名の著者の原稿は、データ主義のもとでは、なかなか本にならないから新しい著者も育ちにくい。

これでは、斬新な企画が生まれない。仮に生まれても、「データにないから」などという理由で出版にまで至らない。

これでいいのだろうか。紙の本は、まだ売れる可能性を持っている。それにそもそも、電子書籍でも「編集者」は必要になってくるはずだ。

出版も事業として成熟しつつある今、私は営利主義を否定しないが、何かが違っているのではないか。売れるか売れないかは、もちろん大事だ。しかしそれ以上に、優れた発想力と企画力で斬新な本を仕上げていくことのほうが、何倍も大事なはずだ。

そういう本は、それこそ勝手に売れてくれるものである。

もともと出版とは、編集者の「志《こころざし》」から生まれたもののはずである。ところが、最初は家内工業のようだった出版業も「企業」になり利益を追求していくようになると、営業データが出版企画までも左右するようになる。

カール・マルクスは、こう語った。

出版の第一の自由は、それが営業ではないという点にある。

もちろんここで言う「出版」は、現在の出版とは異なる。本来、著者が世に問うべきものが出版であって、それで利益を得ようと考えてはならない——つまり、「出版の原点」のようなものについての深い問いかけなのだ。

この言葉は、今の時代にはふさわしくないかもしれない。しかし、出版業界が今のような危機的状況になったのは、いわゆる売上至上主義を唱えることで、良書が減ったことと必ずしも無縁ではないだろう。

良書とは何か——。

それは著者と編集者がギリギリまで打ち合わせ、細部にまで行き届いた編集がされ、そして読者が「買ってよかった」「読んでよかった」と思う本である。私がつくってきたビジネス実務書で言うなら、「わかりやすかった」という感動のある本である。

良書をつくれば出版界はよみがえる——私はそういうことを言うほど牧歌的ではない。しかし、編集者という職業を選び、その職業を続けている以上、常に「編集者とは何か?」という問いかけをしていきたい。

答えの出しにくい問いだが、問いかけ続けることにこそ意味があると思う。

◉——編集の外注化の落とし穴

DTP(デスクトップ・パブリッシング)が成熟し、編集者がオペレーター化している編集部もある。個人的には、優秀なDTPオペレーターがいるなら、編集者自らDTPをする必要はないと考えている。だが最近のDTPソフトは非常に簡単で、ワープロで原稿を書く感覚で誌面をつくることができる。そのこと自体は、「時代の進歩」として受け入れていかなければならないだろう。

編集者もその変化に対応しなければならない。

問題なのは、「編集の外注化」である。

編集とは、企画を立て、プロットを考え、ページデザインに頭を悩ませ、四苦八苦しながら見出しを付け、原稿に修正を入れる……ものだと私は今でも思っている。しかし最近は出版社の編集部がこういう作業をしないことも多い。

「こんな本をつくってもらえないだろうか」

と編集プロダクションあたりに依頼する。編集プロダクションは出版社の意向に合わせて原稿をつくり、編集部に見せる。編集部ではそれを検討し、

「もう少し、ここをこうしてもらえないだろうか」

などとリクエストを出す。多くの編集プロダクションではDTPをやっているから、

「この赤を青にして、見本を出して下さい」

などと言われても、比較的簡単に対応できる。私もそういうリクエストを受けることが多くなった。つまりはそれだけ、出版社の編集者に「赤を青にしたらどうなるか」と想像力が欠けてきたということだ。

編集者にとって「想像力」は不可欠の要素である。


放送業界が、多くの番組を制作プロダクションに委ね、テレビ局は「電波を売る会社」になってしまった。出版界も、そうなってしまうことを私は憂う。

ある人が「営業に成り下がってしまった出版業」と言った。だがこれは決して営業を否定しているわけではない。私家版の本でもない限り、出版も企業である以上、利潤を追求しなければならない。そうなればマーケティングを駆使し、営業マンが飛び歩く。

そのこと自体は、出版の成熟として喜ばなければならない。

しかし――、

あくまで私の個人的な見解だが、モノをつくる人間とモノを売る人間は、考え方も生き方も違うと思うのだ。業種として成熟してきたということは、営業が充実してきたということでもある。しかし編集が営業データなどに依存し、「いいもの、売れるものをつくってみせる」という気概をなくしていないだろうか。編集とはそこから始まり、そのことが売れる本にもつながっていくのだと思う。営業とは、発想が異なるはずである。

ところが、つくった本が売れないのを、「出版界全体が不況だから」と腰が引けてないだろうか。その結果、何より編集者のスキルが落ちていないだろうか。

◉――「なぜ、この本を出版するのか？」を問い直せ

出版業界の大きな変化に伴って、編集者をめぐる環境……いや出版自体をめぐる環境が大きく変わろうとしていることは、明らかな事実だろう。おそらく編集者も変わらなければならない時代に来ている。編集者も黒子ではなく、いい意味で著者を引っ張り回すようなところがあっていい、と主張する敏腕編集者もいる。

私はそれを、否定はしない。

ただ私は、そういった考えとは、どこかで一線を画したいと思う。

もちろんそれは、いわゆる編集制作原理主義ではない。うまく表現できないのだが、編集者と著者は対等、つまりイコール・パートナーであって、どちらかがどちらかを引っ張り回す関係ではないと思うのだ。

著者だけでなく、本づくりに関わるさまざまな人——たとえばブックデザイナーやイラストレーター、印刷所の人とも対等である。出版社にいると、イラストレーターなどに仕事を振ることが多いが、決して上から目線になってはいけない。

もちろん本は売れなければならない。しかしそのことと、読者数は少ないかもしれないが意味や価値のある良書を出すという考えは、両立できると思う。

たとえば出版社の社長が社員の前で、「売上げをもっと上げよう!」「今月の重点商品はこれだ」と言うことは多い。確かに業績向上を鼓舞するのは、経営者の役目かもしれない。しかし経営者のもっと大きな役目は、「われわれは、なぜこの本を出版するのか」という座標軸を示すことだろう。そうでなければ経営者の言うことは、営業部長、経理部長の言うことと、ほとんど変わらない。

何の職業でも同じだが、「なぜこの商品をつくるのか。ユーザーのメリットは何なのか。何より、私たちはなぜこの仕事をしているのか」——といった問いかけは、常に忘れてはならないはずだ。

経営者と同じく、編集者にもそのことが言える。

もちろん編集者も売上げを考えるべきだ。しかし、「なぜこの本をつくるのか」「この本を送り出す意味は?」と考えない編集者は、悪い意味での売上至上主義に取り込まれて行く。

「すべての本は読まれたがっている」

これは、知人の敏腕営業マンの言葉である。彼は営業マンでありながら、編集者である私に、「自分は編集作業はできないが、こんな本をつくりたい!」と熱く語りもする。著者と、売り方について夜通し相談もする。とうてい売れそうもない本を、何万部というベストセラーにしたことも多い。

これは編集者マインドを持った彼だから言える言葉だと思う。

後述するが、出版も企業だから、「在庫」「返品」のことを考える必要がある。だから何でもかんでも書店にたくさん置けばいいというものでもない。しかし、最初から、

「この本は、棚に一冊置いて、地道に長く売っていく」

という考えでは、〝大きく売れる〟可能性を、初めから放棄しているようなものだと思う。最初からセーフティバントを狙っている編集者を、私は好まない。

2「編集者」と言っても、いろいろある

◉――ビジネス書における編集者の立ち位置

編集者という仕事はわかりづらい、と先ほど書いた。ドラマや映画などでは、よく言えば大胆、悪く言えばガラッパチで怒鳴り散らすような編集長がいて、パートの美人編集者はおおむね仕事ができるが冷遇されている。そして机の上は乱雑で、本や資料が積み上げられている……というのがパターンである。

まったく間違いではないが、編集という仕事はドラマなどでは表現できないほど地味で複雑である。重要な交渉、企画会議なども多いが、仕事の大半が「雑事」で占められる。コピーを取ったり、小さな見出しを何時間も考えることもある。

執筆依頼の電話をかけた後は、企画書を整理する。書店でリサーチをすることもある。

また、机の上が整理されている編集者は少数派かもしれないが、最近はパソコンで原稿を

書く。そのため、編集者の机の上はノートパソコンと数冊の資料、ということも多い。もっとも私はノートパソコンのキーボードが苦手で、デスクトップパソコンを使っている。視力も衰えてきたため、モニターも大きいのだが……。

いずれにせよ、雑事の集大成が編集でもある。これはどの編集も変わらない。

「どの編集」？

出版編集に種類があるのかと思われた方もいるだろう。大ありである。

週刊誌の編集とノンフィクションの分厚い単行本の編集者。名刺には同じように「編集部」などと印刷されている。しかし週刊誌の編集は時間に追われ続けるが、分厚い単行本の編集は一年、二年かかることもある。これが辞書の編集者となると、もっと時間がかかるし、仕事そのものが単純で地味である。

週刊誌でも、コミックスと芸能誌では、まるで違う。

イラストや図表、マンガ入りの書籍となると、さまざまな要素が盛り込まれることになる。これを的確に処理していくのは、なかなか大変だ。このことは第3章で詳しく書くが、図表をうまく使えることは、ビジュアル化の現在、編集者の必須条件でもある。

文芸書は、著者のネームバリューで売れることも多い。だから編集者は作家にへばりついて、いかにいい原稿を書いてもらうかを考える。だから原稿を受け取ったときには、仕事の大半は終わっていると言っていい。

しかし私がやっているビジネス書や実用書は、著者の原稿に手を入れることが少なくない。スタッフも、図解が多いだけにイラストレーター、デザイナーなど幅広い。

編集者とひと言で言っても、それこそ〝本の内容や形態〟によって違うのである。

ただひとつだけ共通していることは、編集者が「著者」とできるだけ深く関わり、「本（雑誌）」という形で読者に届ける媒介であることだ。ときには著者を〝仕切る〟ことも必要になるだろう。

極端なケースが「自費出版」である。

たいていは、「本をつくる」ということに対してはまったくの素人が、「私も本を書きたい」と企画を出版社に持ち込む。出版社はたとえそれが「売れるテーマ」「売れる内容」でなくても、ある程度の製作費を出してもらうことで本にする。

これが自費出版の典型的なケースだが、この商法の善し悪しはともかく、ここでもやはり編集者は必要になる。私も何冊かの自費出版本を編集したことがあるが、ここでのポイントは、とにかく任せてもらうことである。

「本づくりに関しては、私はプロです。どんと任せて下さい。いい本をつくります」

そうすることで、編集者が仕事の主導権を握る。
「あの編集者に任せれば、文章の不備も直してもらえる」
というように持っていくのである。

◉――「よくぞ私の言いたいことを書いてくれた」と言われたい

なぜ自費出版などという極端なケースを出したかというと、ビジネス書著者の多くは、はっきり言って文章はあまり上手ではない。その代わり法律や税務など、特別な知識がある。それだけに文章は難解で専門的で、学術論文のようなこともある。

専門書ならそれでもいいが、「この本はわかりやすい！」と読者に感動してもらうには、平明な文章が不可欠になる。特別な知識を平易に書き換えるのである。編集者の文章術については、150ページ以降で詳しく述べる。ここでは〝さわり〟だけ書いておきたい。

最近は、平易な文章をサクサク書かれる会計士や弁護士の先生も増えたが、それでもまだ専門的な内容は多い。これを編集者が書き直すのである。

業界の専門用語で「リライト」と言う。

第3章でも触れるつもりだが、私は、リライトが上手にできないハウツー書編集者を、優秀とは思わない。

「よくぞ私の言いたかったことを、ここまで文章化してくれた。まるで私が書いたようだ」と著者に感激される文章が書けることは、優れた編集者の必須要件でもある。それが著者との信頼関係を強くし、著者を育て、編集者自身も育つのである。

この場合、何も作家のような美文名文でなくてもいい。小説やエッセイではない実務書では、とにかくわかりやすさが第一である。

もちろん名文であるに越したことはない。しかし私は、わかりやすく読みやすくするためにたとえば改行を増やしたり、結論を先に言ってしまう。

作家の文章のなかには、名文なのだけれど、二、三ページ読まないと結論が見えないものがある。「文章を読む楽しみ」「ストーリーを追っていく楽しみ」という観点で言えば、何ページか読んで結論や種明かしがあったほうがいいだろう。しかしビジネス書は、手っ取り早くわからなければならない。読者の多くは、それを求めている。

たとえば「インフレのしくみはどうか?」という項目の場合、二、三ページ読まないと「金利や為替と関係がある」などということがわからない、というのでは遅い。

起承転結が文章の基本でもある。しかしビジネス書、実務書の多くは結論を先に言ってもかまわないと思っている。「結」が早めにあり、そのあといい意味で〝何となく〟起承転結になっている——それが、いい実務書だ。答えはできるだけ早く出してあげたい。

私は著者の原稿に大きく手を入れることが多い。ただし、著者の文体のクセのようなものはできるだけ残す。そうしないと「自分の原稿を切り刻まれた」という意識が残り、いい関係は築けないし、著者から原稿以上の〝何か〟を引き出すことはむずかしい。

ということは、ビジネス書編集者は文芸書編集者とは違った意味で、著者の内面に深く切り込んでいかなければならない。『やさしい経済』『やさしい会計』といったハウツー書の場合も、経済や経理に対する著者の〝ポリシー〟のようなものを汲み取って文章化しないと、無味乾燥な解説本になる。

なるほど！　そういうことだったのか！　という文章になっていないと、読者は〝お勉強〟をさせられているような気分になる。もちろん、ハウツー書は〝お勉強本〟である。しかし、つまらないなあと思って勉強するのと、ワクワクしながら勉強するのとでは、覚え方もまったく違ってくる。編集者は、そのことを肝に銘じてリライトしなければならない。

ビジネス書にもいろいろあり、生き方やコミュニケーション術、時間活用法などを解説した、啓蒙書に近いビジネス書などは最近の主流にもなっている。

「実務書と違って啓蒙書だから、わかりやすさは考えなくていいだろう」

と考えてはならない。啓蒙書とはいえ、生き方や会話術などの本には、どこかにハウツーが入っている。著者との接し方も、さらに深くなければ、引き出せるものは少ない。

また「企画」という側面で言うと、たとえば公認会計士に経理の本を執筆してもらっているとき、その人が意外と整理魔であることに気づいたとしよう。ならば、『公認会計士が書いた整理術の本』という企画は考えられないか、と発想する。


専門分野以外に何か書けないか――常にそう考えてほしい。会計士は会計や経理の本、弁護士は法律の本……これでは企画を紡《つむ》ぎ出す編集者とは言えない。「他に何かないか……」それを引き出すのは、著者に最も密着している編集者なのだ。

◉――著者と読者に憑依できるか？

編集者は、著者と読者の橋渡し役だ。だから、「読者は何を知りたがっているか」「既刊本のどこに満足していないか」を四六時中、考えるぐらいでなければならない。寝ても覚めても遊んでいても、「それ、モノになるかもしれない！」と考える柔軟な頭がほしい。

「読者の知りたいこと」は、たくさんあるだろう。いい編集者は、ここの〝ツボ〟をよく知っている。常にアンテナを張り巡らせて情報を収集していたり、周囲の人の「こんな本があったら……」という小さな声をよく聞いている。

私はよく若い編集者に、「読者に憑依《ひょうい》する（乗り移る）ぐらいになれば、新しい企画も浮かんでくる」と言う。なかなかむずかしいことではある。「そのコツは何か」と問われても、明確な答えはない。ただ、憑依するためには読者の行動や考えを注意深く観察したり、情報収集をする必要がある、とだけは言える。

企画を考えるときだけでなく、リライトしているときも憑依しているかどうかがポイントになる。憑依していれば読者にとって読みやすく心地よい文章も見えてくる。本は一冊一冊、読者対象が微妙に違うから、本によって文体を変えることも考えていいだろう。

同様に、憑依という点では、私は著者の原稿に手を加えるとき、著者に憑依するぐらいのつもりでいる。この著者は本当は何が言いたいのか、たとえば難解な文章の裏にある〝真意〟のようなものは何か——これを把握したい。先ほど私は、「よくぞ私の言いたかったことを、ここまで文章化してくれた。まるで私が書いたようだ」と著者に感激される文章が書けてこそ、優れた編集者である、と書いた。これは、編集者が著者と一体になる、つまり憑依するということである。

著者と真剣に付き合っていると、著者の文体、考えの方向性なども摑めてくる。編集者の仕事は、まずこのような著者の個性をよく理解するところから始まるべきなのである。

3　編集者は〝優しさ〟を持ってほしい

◉——編集者は、ただの黒子ではない

昔から「編集者は黒子だ」と言われる。たしかに編集者は「著者」より前に出てはいけないだろう。しかし繰り返すが、ビジネス書の場合、編集者が著者の原稿にかなり手を入れることがある。これはある程度は仕方ないことだと思う。

だがそのとき、「この原稿はむずかしいんだよ。直してやるよ」という気持ちで整理（リライト）した原稿は、まず売れない。仮に売れたとしても著者との良好な関係は築けない。原稿に対する〝優しさ〟があって初めて、著者と対等に向き合えるのだ。

原稿を書くということは大変な作業である。たとえ出来上がった原稿が難解で文章が稚拙でも、編集者にとっては「玉稿」なのだ。だからリライトするときは、「書き直しをさせていただく」という気持ちにならなくてはいけない。これが「優しさ」である。

また、「内容や文章がむずかしい！」と怒ってもいけない。正直モノになりそうもない場合は、怒りたくなる気持ちはわからないでもないが、ここは我慢である。ここで優しさを持てるかどうかが、編集者の器量だと思う。


例外はある。現在のようにワープロで原稿が書けるようになると、とくに啓蒙書ジャンルの著者に、過去の原稿を使い回す人があらわれてきた。『30代からやっておくこと』『仕事がデキる人になるためのポイント』『ネットワーク時代にラクして儲ける』……といったたぐいの本である。すでに出した自著から大幅に引用する人もいる。

こういう著者とは、私は基本的に付き合わない。「自分は何としてもこれが書きたい」という真剣な思い。それがない原稿からは、〝何か〟が伝わってこない。内容の伴わない本は売れない、と杓子定規なことを言うつもりはないが、内容の薄い本でベストセラーを出したとしても、決して長くは続かない。

多くのビジネス書の場合、著者は素材の提供者だ。漁師さんやお百姓さんから魚や野菜を仕入れ、よりおいしく、見栄えの良い料理にするのが、優れた編集者でもある。

また編集者は、「最初の読者」でもある。いわば読者代表の意見や考えを著者にぶつけて、知恵を出し合って、より「読者にとってわかりやすいもの」「読者にとって感動的なもの」

を目指さなければならない。文章も図解も、著者の意図が読者に届かなければ意味はない。常に「読者」のことを頭の中に置いておくのが、編集者という仕事なのである。

ただ……これを言ってしまうと先が続かなくなるかもしれないのだが、編集者にせよデザイナーにせよ、クリエイティブな職業に最も不可欠な能力は、実は「センス」である。センスのない者はいい本、売れる本はつくれない。「本能」だと言ってもいい。

しかし、技術を向上させるセオリー、売れる本をつくるためのセンスを磨く方法は、確実にある。そしてそれは、かなりの部分まで努力と工夫で身につけることができるのである。私はこの本で、その努力と工夫について、可能な限り書いてみたい。

センスのある編集者は、いわば初めからアドバンテージを持っている。しかしそこで慢心してしまうと、センスは錆びてしまう。

◉——黒子としての自覚と誇りを持つ！

私の尊敬する出版人に、小宮山量平さんという人がいる。理論社という出版社を興し、灰谷健次郎などの優れた作家を発掘した。倉本聰のシナリオなどを出版していた出版社だといえば、わかるかもしれない。

数年前まで現役編集者を続け、九五歳で大往生された。三〇年以上昔、小宮山さんがあるエッセイで次のような意味のことを言われた。

編集者というのは、ある意味で著作者から見れば生殺与奪の権を握っていると見える。どんな原稿でも、編集者が「いいですね、本にしましょう」と言わなければ、日の目を見ない。編集者は自らがそういう権力を持っていることを自覚しなくてはならない。自覚していれば、「著者に書かせよう」とか「あのライターやデザイナーを使おう」という言葉は出てこないはずだ。著作者をそんなふうに扱ったら、その瞬間からあなたは編集者落第である。

この文章を読んだのは、私が二八歳の頃だった。当時の編集部には、三〇代、四〇代のコンサルタントや税理士の先生の「持ち込み原稿」があった。たいてい無名の筆者である。こういう職業の場合、書籍が「名刺代わり」になる。著書があるということで信頼度が増し、本来の仕事である顧問などが増える。書籍の印税目的ではないのだ。

しかし、最初から「名刺代わり」に本を書こうと思っている人の原稿は、正直なところ「モノにならない」ものが多い。ほとんどの原稿は「申し訳ありませんが」とお返しする。だがそれを続けていると、編集者は自分が偉くなったかのような錯覚に陥る。

これが怖い。私は、そういうことを当たり前だと思ってはいけないと思った。

いま私はフリーランスの編集者である。出版社の編集者の中には、○○出版の誰それと、会社名を背負うことで、偉くなったかのように錯覚する人も多い。フリーになってみると、それがよく見える。出版社の編集部員にも、「売れる本、いい本をつくる」使命はある。しかし、どこかでサラリーマンである。

フリーランスの編集者の場合、「外れ本」を三冊つくったら、次の仕事はない。

いずれにせよ、小宮山さんの言葉は、今も私の座右の銘である。自戒を込めて、常に自分に言い聞かせている。ビジネス書の原稿は書き直すことが多いとはいえ、そのとき、「ひどい原稿だ。書き直してしまえ」――そう思った時点で、視線は高みから見下ろすものとなり、私はエディターではなくなるだろう。

◉――黒子は実は「権力」を持っていることを自覚せよ

一冊の本、雑誌をつくるのは、多くの人との共同作業である。編集者は、著者やデザイナーなどと打ち合わせを重ね、時には議論しながら、本の完成へと向けて舵を取っていく。その意味で編集者は、「本づくり」というプロジェクトの指揮者でもあるだろう。

だが、オーケストラの指揮者と違って、書籍の編集者は〝表舞台〟に出ることはめったにない。時々、序文などで、著者が「編集の○○さんにはお世話になりました」といった謝辞を書いてくれることがある。しかし、顔写真が出るわけでもない。だからやはり「黒子」なのである。しかし著者に媚びへつらう編集者ではいけない。その意味では、黒子というより「パートナー」に近い。

確かに腕利きの編集者は企画力もあり、タイトルなどのネーミングのセンスもある。「売れる本」に関する嗅覚も鋭い。優秀な編集者の手にかかると、箸にも棒にもかからなかった原稿が大化けすることもある。

それでも、本の主役は編集者ではない。誠実な著者である。

最近は出版社も企画不足で、有名著者には執筆依頼が集中する。その人たちの本の中には、講演などを録音してゴーストライターがまとめたものも少なくない。だから私は、毎月のように本を出している著者をあまり信用しない。会計士、弁護士という本業を持ちながら本気で〝書く〟とすれば、せいぜい年に数冊のはずだ。だからこそ、一生懸命、誠実に書いた原稿に出会ったときは、厳粛な気持ちになる。襟を正して読む。

そして原稿の善し悪しを判断するときには、「責任感」を持って臨んでほしい。YESにせよNOにせよ、大げさかもしれないが、結果は著者の人生を左右することもあるのだ。

一般の会社でも、社長はそれなりの権力を持っている。出版社や新聞社でも、「一番えらい」のは社長だろう。だがここで言う「権力」とは、そういう力とは少し意味が違う。名前の売れていない作家が、編集部に原稿を持ち込んできた。その作家は必死である。しかし編集者が、「この原稿ではダメですね」と言えば、日の目を見ることはない。出版社によっては、編集者がダメと言っても社長がＯＫを出す、ということもあるが、一般の会社に比べて編集者に与えられている権限は、案外と大きい。

小宮山量平氏の言われるように、どんなに若い編集者でも、執筆者にとって編集者は生殺与奪の権を握った権力者である。編集者は、自らがそういう「力」を持った仕事をしていることをしっかりと自覚しなければならないだろう。

だからこそ、力を持った者は、それを行使することに慎重でなければならないと思う。傲慢な、力だけの人間についていく人もいないわけではない。しかしそれは、無味乾燥な間柄ではないだろうか。

それともうひとつ、余計なことかもしれないが、編集者は常にリベラルでありたい。意識して自らの権力を行使するのは、自分より強い者に対してである。自分より立場が弱い者に権力を行使したとき、その人の価値は下がるだろう。

編集者には、強いモノに食ってかかるぐらいの姿勢がほしいと思う。

編集者は、著者やライター、デザイナーに対し

傲慢に接してはならない。

常に「イコール・パートナー」である。

4 ひとつの自分史から

◉——「ビジネス書」は、どうして生まれたか!?

少し「昔」の話をしよう。

最近はいろいろなジャンルの本を編集することも増えたが、やはり基本の仕事はビジネス書である。今も昔も、私はビジネス書編集者として仕事をしてきた。

しかしこの「ビジネス書」、意外と歴史は浅い。

私が出版界に入ったのは、一九七七年。当時はまだ、書店に「ビジネス書」というコーナーはなく、「法律経済書（法経書）」として扱われていた。書店のいちばん奥……書店員さんの事務室があるあたりに、法経書のコーナーがあった。

今のように、文庫本や新書にビジネス関連本がある時代ではなかった。

「ビジネス書」の編集に携わるようになったのは、全くの偶然である。高校時代ほとんど受験勉強をしなかった私は、かろうじて夜間（二部）文学部に合格できた。文学部というだけでも就職はむずかしいのに、夜間部となると前途は暗い。片っ端から履歴書を出し、やっと採用されたのが社員一〇名ほどの零細ビジネス書出版社だった、というわけだ。

今はＫＡＤＯＫＡＷＡグループに入ったが、ビジネス書業界を長い間、牽引してきた中経出版が、たまたま私の最初の職場だった。

私はそこでまず、中小企業経営者向けの経営実務雑誌（月刊）の編集部に配属された。

文学部だから、経営や経済などまったく勉強していない。それでもやってこられたのは、実家が洋品店を営んでいたためかもしれない。文学部出身者にありがちな、営業や経理に対する拒否反応が小さかったのである。

今、ビジネス書の範囲は広い。経済や経営、会計などの「入門書」、手帳活用術、メモ活用術といった「仕事術」のジャンル、人付き合いなどについて書かれた「啓蒙書」、歴史の本まである。最近では健康書もビジネス書に入ってきた。

早い話、ビジネス書の概念が変わってきたのである。となると編集者も、たとえば経理や税金のエキスパートというだけでは物足りなくなる。いろいろな企画に柔軟に対応できる体勢を取る――それが編集者であろう。もちろん経理や税金のエキスパートで、税理士さんよりもよく知っているという編集者も貴重であることは言うまでもないが……。

今、書店では、ビジネス書が売り場の一等地に置かれる。私見だが編集も営業も、ちょうど私たちの世代が三〇歳頃から四〇歳ぐらいの頃に、ビジネス書という〝カテゴリー〟をつくったと自負していいと思う。まず、今の七〇歳前後の人たちが若かった頃、それまで「法経書」と呼ばれていたジャンルの本を、わかりやすく一般向けに編集・販売していった。

そしてそれを引き継ぐように、今の還暦前後の人たち、つまり私たち世代が徐々にそれを広げていったのである。

リーダーとなったのは、日本実業出版社だろう。私が出版界に入った頃、日本実業は「経営実務書のトップ出版社」として多くのヒット作品を出しており、他の小さな出版社（私が勤めていた出版社も含めて）は、日本実業出版社に追いつこうと模索していた。

しかしまだ、「わかりやすい経営実務書」というカテゴリーであって、今のようなビジネス書ではなかった。啓蒙書や自己啓発書が「ビジネスマンが読む本」というテイストでつくられ、売られるようになったのは、一九八〇年代になってからだ。

つまり、政治、宗教、科学……といったテーマの本までが、入門書としてビジネス書のコーナーに置かれるようになったのである。私自身、『30代からのスポーツ・トレーニングのやり方』という本をつくったこともある。一九九四年のことだ。そしてそれを、「運動不足のビジネスマンへ」と謳《うた》って、当時は確立していたビジネス書コーナーに平積みし、大きなヒット作になった。

確実に一九八〇年代から、「ビジネス書」というコーナーが書店でも生まれた。それまで経営実務書をつくっていなかった出版社も参入してきた。出版社も書店も、基本的には〝商売〟である。売れるものをつくり、売れるものを店頭に置く。こうして書店からはしだいに文芸書が消えビジネス実務書が増えていった。

私はその渦中にいたのである。

◉──「売れてなんぼ」という考え方の是非

かつて出版は、とても事業と言えるものではなかった。「本をつくりたい」という人が何のマーケティングもせず、思い込みと「信念」のようなもので一冊の本を仕上げる。売れるかどうかは、出版してみないとわからない。いや、売れる売れないは二の次で、「どういう本をつくるか」ということのほうが大事だった。電機や機械と違って、机と紙とペンがあるだけで、一人でもできるのが出版業だ。今では、パソコンだけでもできる。

しかし私が出版界に入った頃は、「本は商品。売れなければ意味がない」という考えが浸透し始めていた。それでも編集者のなかには、「売れる本がいい本だ」という営業的な考えを嫌う人は多かった。

「売れる本がいい本なのか――」

実はこの命題は深くて重い。私自身、「売れる本がいい本」とは、今でも思っていない。では、「売れなくても、内容的に意味のある本がいい本」という考えなのかというと、それも違う。欲張りなようだが、読者を感動させる何らかの内容のある、しかも売れる本。それを私は目指してきた。


中経出版を六年で退社したあと、ある先輩編集者が一人でやっている編集プロダクションに草鞋《わらじ》を脱いだ。文芸書も実用書も手がけるという編集プロダクションだった。

「健全な労働者は夕方になると仕事を終え、飲みに行くんだ」

と、ほとんど毎日、居酒屋通いだった。その先輩は私より八歳ほど上だが、パッションもスキルも素晴らしい人だった。残念ながら二年前に他界されたが、短い期間にいろいろなことを教わった。人生でも仕事でも師匠である。

「実用書が幅をきかすようになったとはいえ、お前ほどプラグマティックな考えをする編集者に出会ったのは初めてだ」

とも言われた。自分ではそんなふうに思っていなかったのだが、やはり「売れなければダメだ」という考えは強かったのだろう。当時は「編集者」と言うと文芸書の編集者であって、まだまだビジネス書編集者は〝認知〟されていなかったと思う。

しかしビジネス書編集者は、つくっている本の性格上、何よりも「売れる」ことを考えた。そもそも私は「アート」をつくっているつもりはなかった（まったくなかったわけではない）。我々がつくっているのは「商業生産物」だという意識が、強くあった。

そのプロダクションを経て、北海道をバイクで一周したあと、かんき出版に入社した。約三〇年前のことだ。当時かんき出版はビジネス書を始めたばかりだった。だから、ビジネス書の中堅出版社になっていた中経出版出身の私は、ある意味で「入社しやすかった」とも言える。その後、約一五年間、ビジネス書編集に携わり、フリーランスになった。

フリーになってから、すでに一五年以上が過ぎた。退職してからも、主なフィールドはビジネス書だった。もう三〇年以上、ビジネス書の編集に携わっていることになる。その間、ビジネス書も大きく変わった。

◉——模倣する側の礼儀と誇りはあるか？

私は「売れなければダメだ」といった営業的な考えもしてきたが、根は編集者である。編集者は、企画の二番煎じを潔しとしない。二匹目のドジョウも極力狙わない。そういう編集者の魂によって、出版界も常に清新であり続ける。

もちろん「模倣」はあってもいいが、模倣と「パクリ」は根本的に違うのだ。

一九九〇年代の初め、「幻冬舎」という出版社が五木寛之、村上龍などベストセラー作家の新作を引っ提げて、出版界にデビューした。編集者と言うより「名プロデューサー」と言うべき見城徹《けんじょうとおる》氏率いる出版社である。文芸出版と言うと地味で目立たないのが普通だったが、見城氏は新聞に大きな広告を打ち、新刊を平台にずらりと並べた。

文芸書出版において、大きな衝撃でもあった。すべてが斬新で意欲的だった。ところが二〇〇〇年代に入ってから、続々とビジネス書を出すようになった。だが、多くは他社で売れたものの二番煎じだった。ときには同じ著者ということもあった。

二番煎じ大いに結構。編集とは、いや仕事とは真似から入るものだ。私の本づくりも、「誰も思いつかなかったテーマ」で勝負するタイプではなく、「すでに売れたテーマを〝加工〟する」タイプでもある。かつては、「片山の本は〇〇の真似だ」と言われたことも何度かあった。しかし、すでに出ている本よりも何倍もわかりやすく読みやすい本を編集した、という自負心を持ちながら真似をしたつもりだ。

「類書はあっても、他の本にはない切り口、読者目線に立った新工夫」を、どこまで盛り込めるか――私はそのことばかり考えていた。

類書の真似をするのはいい。しかしこのとき大事なのは「真似方」だ。

誰も考えつかなかったような斬新な企画で、ある本が売れたとする。私はこういういわば「ものすごい企画」には敬意を払い、二番手をつくらない。それは編集者――というより出版人の「礼節」だと思う。それでもあえて二番手を狙う場合は、先行する本を何が何でも内容的に超えなければならないだろう。

出版社時代、ある出版社から「企業系列」について一テーマ見開きでわかりやすくまとめたビジネス書が出版された。内容も驚くほど緻密だった。私は、「これはとても真似できない」と思った。すごい本だと思った。しかし数カ月後、別の出版社から明らかにこの本の真似で、悲しいほど内容の薄い本が出た。その会社の経営者が業界紙で「売れる本があったら、それに満足しない読者もいる。だから出版した……」と語っていた。

「盗っ人猛々《たけだけ》しい」とは、こういうことを言うのだ。

真似てもいい。それなら、「恐れ入った！」と思われるような真似方をすべきだろう。

たとえば他出版社で『よくわかる決算書』という本が売れたとする。そこで、二番手を出す。そこまでは、まあいい。しかしそのとき、「先行する決算書本をクオリティで超えてみせる」という気概（一生懸命さ）があるかどうか。真似をされた出版社、編集者が思わず感心してしまうような斬新な決算書本がつくれるかどうか。

それは真似る側の「礼儀・仁義」のようなものではないだろうか。「超えよう！」とアイデアを練り続けていると、いつの間にか〝異なる〟本になっていく。

すでに売れている本を参考に、〝同種〟の本をつくる。このとき漫然と模倣するだけでは意味がない。ましてパクリ、剽窃《ひょうせつ》はいけない。たとえ同じテーマの本でも、その編集者ならではの独自性、斬新さは出せる。

言わば、「誇りある模倣」である。

新商品開発に関して先発には先発の自負があるように、後発にも「先発を超えてみせる」という意地と気概がなければ、いいモノはつくれない。

「ビジネス書」は、図やイラストを工夫するなど編集技術にかかる比重が大きい。それによって類書を超える工夫をする。最初の企画の善し悪しで大半が決まる文芸書の編集とは違った醍醐味が、そこにはある。

しかし、「ビジネス書＝商業主義」ではない。

著者との付き合い方も、つくり方も違うかもしれないが、どちらも同じ「本」である。

◉——ビジネス書編集者こそ、〝魂〟を持て

話を戻そう。

私は見城さんと一面識もないが、出版界で彼のことを知らない人はいないと思う。それぐらい、周囲を驚かせることをやってきた編集者だ。私たち「ビジネス書業界」で生きてきた者がアッと驚くようなことをするに違いない……と思っていた。しかしビジネス書に進出してきた頃の幻冬舎の本は、お世辞にも斬新とは言えなかった。

あれから一〇年以上。いま思えばあの頃は「過渡期」だったのかもしれない。

幻冬舎は「総合出版社」になり、いったんは上場もした。売上げを伸ばすためには文芸だけでは限界がある。そこで実用書路線に大きく舵を切った。今も小説を出版しているが、創業時ほど大きく広告も打たない。売上比率もかなり低いだろう。

「出版社経営」という面から考えると、なりふりなどかまっていられない。

その結果として売れるビジネス書も増え、編集者が見ても「いい本だなあ」というものも増えていった。もっともいまだに、「よその真似」は多いが……。

ただ、見城氏はビジネス書を少し軽く見ているのではないだろうか。彼にとって編集とは「文芸の編集」であって、ビジネス書など〝読み飛ばし〟のものでしかない、と思っていないだろうか。そこに、文芸書編集者にありがちの〝驕り〟はないだろうか。文芸書に関して

はあれだけ熱い思い入れをし、「新しいものを！　感動するものを！」と言っていた人なのに、ビジネス書になると利益至上主義が前面に出てくるのはなぜだろう。

当時そんなことを考えていると、二〇〇四年四月、『噂の真相』休刊号で、見城氏がインタビューに答えてこんなことを言っていた。

「資本主義の中で生きていくと決めた以上、死の商人の覚悟はしている。（中略）悪魔に売り渡すものは売り渡し、しかし売り渡さないものは絶対に売り渡さない。（創業の精神でもある）『文芸百年』の魂は目立たないだけでちゃんとそのまま作品が残っている。（中略）本当に出したい小説を出すためには、実用書でビジネスして稼ぐしかない」

うーん、ビジネス書をなめないでほしいなあ、と本気で思った。彼独特の挑発するような言い方だから割り引いて考えるにしても、ビジネス書や実用書は悪魔に売り渡していい、みたいな言い方をされると、

「冗談じゃない、ビジネス書をつくる人間にも〝魂〟はあるんだよ」

と言いたくなったものだ。むしろ小説などの文芸書は、現実社会から離れたくて読むことがあるが、ビジネス書は違う。「何かを得よう」と思って読むことがほとんどだ。だから悪魔になど絶対に魂を売ってはいけない。

当時も、そして今も見城さんが、ビジネス書を「小説を出すための資金稼ぎ」にしか考えてないとしたら、非常に残念に思う。ビジネス書でも、文芸書以上に読者を感動させることはできるし、実際にそういう本も多い。

当時、文芸の大ヒットを連発し、幻冬舎には資本力とネームバリューがあった。だから、他の出版社でベストセラーを出したビジネス書著者を好条件で引っ張ってくることができた。この経営スタイルは、今もあまり変わっていない。

まさに資本主義の論理である。中小出版社にはなかなかできないことだ。

今、幻冬舎は立派な〝大手出版社〟に成長した。そうなると、業績を維持するために毎月一定の点数の本を出し続けなければならない。編集者にもノルマが課せられる。

これは幻冬舎に限らない。最初はまったりと本をつくっていた編集者も、ヒット作が出て会社が大きくなると、そうも言えなくなる。「月一〇点、死守！」——こういった出版ノルマは、中堅以上の出版社では当たり前である。

私は中小出版社ばかり渡り歩いたから、大手出版社の編集者をむしろうらやましく思う。「あの出版社では、一〇万部のヒットのノルマがある」とか、いろいろ聞こえてはくるが、原稿依頼に行って、少部数、低印税のため著者と条件が折り合わず、帰ってくるときの悔しさは、彼らにわかるだろうか——。

5 エディター・シップを持った編集者であれ

◉──「類書のなかで、あの本が一番わかりやすい！」と言われるか!?

文芸書と違って、ビジネス書は極端に類書が多い。ある企画が売れたら、いくつかの出版社がどっと同様企画で参入してくる。先ほどあげた幻冬舎がビジネス書を始めた頃は、他の出版社でも露骨なぐらい類書が多かった時代だ。

たとえば一〇年ほど前に「宝島社」が「決算書の読み方」をムック形式で出版した。『私でも面白いほどわかる決算書』というA４判九六ページの本である。

それまで「決算書」などといった経営実務に関するテーマの本は、普通の単行本がほとんどだった。いわば宝島社は、造本なども含めた〝新しい切り口〟で決算書の本をつくったのである。そうしたら、「ムックのハウツー書が売れる！」ということで、以後、ムックや雑誌形式のビジネス書は、どんどん増え、ビジネス書平台にムックが置かれるのは普通になっ

た。決算書、仕事術、原価、相続・贈与………等々。

どんな業界でも斬新な新規商品で勝負する企業と、ヒットした商品に何らかのアイデアを付け加えて先行企業を超えようとする企業がある。ビジネス書業界でも「どこよりも先に出す」出版社と、「後追いを得意とする」出版社がある。

私は、どちらもあっていいと思っている。


一番手ばかり狙うのは経営的なリスクも大きい。すでに「売れた」という実績のあるマーケットに参入するのであれば、一定部数は読めるだろう。

とくに経営者や営業マンは、「売れた本と同じような本を出して、営業戦略や広告戦略で売っていこう」と考える。マーケティングの考え方として、それは決して間違ってはいない。経営やマーケティングの王道だ。

だが編集者はモノづくりが仕事だ。二番手、三番手でも、「一番手を抜いてやる」という気持ちのない編集者に、たとえば次のような本はつくれない。

「決算書の本っていろいろあるけど、あそこのが一番わかりやすいよね」

断るまでもなく、私は「いい本さえつくればいいんだ」と言っているのではない。出版業界に限らず、ビジネスは「売れていくら」の世界である。今私は、そのことを承知で、いや、そのことを前提にしてモノを言っている。

つまり出版社の営業力なども関係してくるから、単純な売上比較だけでは、その本の優劣は決められないということだ。弱小出版社が出した「とってもよくわかる決算書本」は一万部で、販売力のある大手出版社から出した「ちっともわかりやすくない決算書本」が一〇万部ということもある。

よく、「私は五万部の本を何冊も出した」といったことを言う編集者がいる。確かに、ある程度の中身があったから売れたのだろう。しかし、その出版社の販売力抜きには、「売れた・売れない」は語れないはずだ。

売れる要素は、いろいろある。内容的にイマイチでも、ワイドショーあたりで取り上げられて話題になると、一種の社会現象になって部数は伸びる。流行語大賞に選ばれるぐらいのタイトルを付けた本も、売れる。編集者はそれらを総合的に見ていかなければならない。もし自分のつくった本がヒットしなくても、それほど深刻に考えることはないと思う。

かといって、「ウチはどうせ小出版社だから売れない」「営業力がなくて……」などという編集者も困る。とくにビジネス書編集者がつくっているのは「作品」であると同時に「商品」だ。「売るためのマーケットリサーチ」は編集者の責務でもある。そのとき、マーケティング感覚も問われるだろう。

私が「模倣」を否定しない理由は、その一点に尽きる。かといって、売れる商品を無節操に真似ることも、よしとしない。それは何度も書いているとおりである。

◉——「売れた本」が必ずしも、いい本ではない

だから私は、「売れる本がいい本だ」という考えには基本的に反対する。しかし「いい本は必ず売れる」という考えでもない。

「いったい、どっちなんだ!」と言われそうだが、あえて言うなら、「いい本はどの出版社で出しても絶対に惨敗しない」というところだろうか……。どんなに悪くとも、初版は売り抜く本である。

クオリティ面で既刊本を超えていれば、たとえ営業力が劣っても、「大コケ」はない。書店で身動きもしない、初版も大きく返本になり、結果的に一〇〇〇部ほどしか売れなかった本は、間違いなく編集の責任である。ことハウツー書に限って言えば、それは読者の役に立ってないことになる。「役に立ちそうだ」と思わないから、誰も買わないのだ。一般書、文芸書なら、「読んで面白そうだ」「感動しそうだ」と思わせない本だろう。

ダメな編集者は、他書の真似をするときの精神が貧しい。

「あの本が売れたから、同じようにつくれば営業が売ってくれる」と考える。いまどきそういう考えの編集者はいないと思うが、真似をするときの編集方針が安直な編集者は、まだいる。とくにハウツー書は、類書を超えるつくり方をして、しっかり書店に置けば、それなりの部数は出るものだ。

私がフリーランスになったばかりの頃、中経出版から『面白いほど経済ニュースがわかる本』という本が出て、一〇〇万部を超えるベストセラーになった。あのとき私は、深く反省させられたものである。

私は『手にとるように経済のことがわかる本』などを編集した。あの「手にとるようにわかるシリーズ」のスタイルは、ある程度完成されたものだと思っていた。事実、九〇年代には、『手にとる経済』を真似した本がたくさん出た。しかし、どれもが『手にとる経済』を超えられなかった。私は内心、「どんなもんだ」と思っていたのかもしれない。

そんなときにあの『面白いほど経済ニュース～』が出た。まるで学習参考書のようなつくりだった。最初は、「なんだこりゃ！」と思った。しかし読んでみると、「う～ん、まだこのやり方があったか」という書き方、編集がされている。

ああいう、それまでにない本が出ると、編集者は大きく二つに分かれる。

「お、これいいじゃん、真似てやろう」

「なんだ、こんなの本じゃないよ」

言うまでもなく、真似をするなら「中経出版のものをクオリティで超えよう」と思うべきだろう。しかし後者は論外である。なんだかんだ言っても、一〇〇万部売れたのだ。それを無視してはいけない。詐欺で一〇〇万部売れたのではないのである。

なぜ売れたのか。企画が良かったのか、タイトルなのか、構成なのか……そうして先行書を超えるものを生み出してこそ編集だろう。「あんなもの本じゃないよ」と思ったなら、それ以上に売れる「本」をつくればいい。

◉――売上至上主義に背を向ける〝やせ我慢〟があってもいい

私は「売れた本がいい本」だとは思わない。しかし、本も商品である以上、売れることを目指さない、考えない編集者は失格だとも思う。

だがこうも思う。

私の尊敬する編集者の方が、かつてこういうことを言われた。

「売れた本を〝単純〟に真似する……。それを営業が強引に書店に置いてくる……。編集者としてそれでいいのだろうか。そもそも出版とは、編集者の〝志《こころざし》〟から始まったのではなかったのか」

その方は、ビジネス書業界で次々と新機軸を打ち出し、私がこの世界に入る何年も先に今の「ビジネス書」の基礎をつくった。私にとっては神様のような人だ。

その方がつくられたビジネス書は、常に新しかった。コンピューターなどほとんど普及してない時代に『マイコンとマイコンをつなぐ本』という本を出してヒットさせたり、今では当たり前のように出版されている「決算書関係書籍」を、『入門・バランスシートの読み方』という当時としては画期的なテーマと構成でヒットさせたこともある。

前述したように、当時はまだ「ビジネス実務書」というジャンルが確立していなかった。「決算書」の本はあったが、それは難解な「会計」の本だった。その方はそれらを「普通のビジネスマン向け」にリメイクし、まったく違うタイプの本をつくっていった。ビジネス書は、こうして出来たのである。

だから、「いま決算書の本が売れているからウチでも決算書の本を……」という発想とは根本的に違う。おそらく頭の中は、好奇心で満ちていたに違いない。

もちろん売れた本の二番煎じ三番煎じでも、ある程度は行くだろう。しかしそれを続けていると、だんだん先細りになる。何よりも編集者の仕事ぶりと感性が荒れてくる。

今では書店を初めとするいろいろなデータが、克明に入ってくるようになり、「こういう傾向の本が売れている。その路線でうちも……」と誰もが考えるようになった。しかし経営者や営業マンならともかく、編集者ならそこで立ち止まって考えてほしい。

なぜ売れたのか——と。

最初から「真似てやろう」「真似て、カネを稼ごう」という狡猾《こうかつ》な模倣をする人を、私は「編集者」とは認めない（認めたくない、と言ったほうがいい）。もちろんこれは、「編集者」という職業を特別視しているのではない。自らこの職業を選んで、そこで何かを得ようとしている以上、その職業に対してはピュアで誠実であるべきだと思うのだ。

本も商品である以上、それをつくる編集者はマーケッターでもあるべきだろう。だが、「想いはマーケティングを超える」という言葉もある。私はこの言葉が大好きだ。「最近は本が売れなくて……」と愚痴るより、根拠もなく、「何としても売ってみせる」と考えるほうがずっと夢がある。

経営者や営業マンなら、「売れている本があるから、わが社でも目先を変えて……」と考えるかもしれない。私はその経営判断を決して否定はしない。けれども編集者なら、そう考えたあとに、ちょっとここで〝やせ我慢〟をしてほしい。

「単に目先を変えるだけではいけないのだ……」。

言ってみれば、「エディター・シップ」である。それは出版社の編集部員だけでなく、私のようなフリーの編集者にとっても言えることだろう。

6 ロングセラーに誇りを持て！

◉――すべての新刊書は平台勝負！

断るまでもないが、本の売れ方は千差万別である。芥川賞や直木賞、本屋大賞などを受賞し、それを謳い文句に売りに出るやり方もあるし、ほとんど広告も打たず、地味に書店を回りコツコツと売っていくやり方もある。

ただ、誤解を恐れずに言えば、「すべての新刊書は平台勝負」だと、私は思っている。

もちろん返品などのリスクを承知の上だが、原則論で言えば、「棚に一冊」では、その一冊が売れると書店にいったん本はなくなる。しかし一〇冊、二〇冊と平積みされていれば、購買者の目に付く確率も高いし、一気に三冊、四冊と売れるチャンスも広がる。

最初から「この本は棚でロングで売っていく」と考えるのは、いかにも消極的ではないだろうか。「え、こんな本が！」というものが大売れすることもあるのだ。

「経理や税金の地味な本を平積みすると、返品率も上がって経営を圧迫する」と言う営業マンの方もいると思う。まさに正論である。けれども、すべての大手書店で平積みすることはない。「ここ！」と狙った書店で積極展開してみる。それで少しでも動きがあったら、「経理の本なのに、こんなに斬新でカンタンで、売れてます！」といった感じのPOPでも付けて押してみる。

その書店から火が着くこともあるのである。

そもそも一九七〇年代後半にビジネス書が売れ始めたとき、出版社も書店も、経理や総務関係の本がベストセラーになるなど思ってもいなかったはずである。

しかし売れた。

「税金や経理の本だから、地味に着実に」

という思い込みは、売れる可能性を自ら狭くしているようなものだろう。

編集者としても、たとえば総務や経理の人が机上に一冊、ドンと置いてじっくり読む本だけではなく、こんなジャンルの本がこんなに売れるんだ！というつくり方をすべきであって、それがビジネス書における「企画」というものだと思う。

つまり販売シーンまで考えたモノづくりである。

◉——必ず増刷のかかる本づくりを目指す！

しかし——、

これまで書いてきたことと正反対のようだが、ロングセラーを連発できる編集者こそ、本当の実力者だとも思っている。短期間で数万部売れて、そこで売れ足がガクンと鈍る本がある。それでも数万部売れたという数字があるから、その本はベストセラーである。つくった編集者も、「あのベストセラーを世に出した」と言われる。

ところが、たとえば半年間で一〇万部売れて、そこから売れ足が鈍り、結果的に三万部の在庫を抱えたとすれば、社外在庫（書店にある分）を考えると実質的に五万部売れたことにもならない。むしろ返品率を上げて、出版社の評価が下がることもあり得る。

半年で一〇万部売れ、以後も着実に何年も売れて、一〇年間で二〇万部を超えた——こういう本をつくっていきたいものである。急に売行きが鈍るのは、その本の〝内容〟が薄いからだ。タイトルなどで買っていった人が、「タイトル以上にすばらしい（面白い、役立つ）」などと思ってくれたら、急に売行きが鈍ることは、まずない。

読者は出版人が思っている以上に、シビアなのである。

前述したが私は出版社時代、『手にとるように経済のことがわかる本』『手にとるようにパソコン用語がわかる本』などの「手にとるようにわかるシリーズ」を立ち上げた。たいていが、すでに出た本の〝後追い〟だったのだが、一番手、二番手の本をすぐに追い越した。そして初速が売れただけでなく、多くが何年も売れ続けた。それは、「あの本はわかりやすかった！」というクオリティがあったからだとも自負している。

前著をいかに超えるかを、私は常に考えて編集していった。私が在籍中につくったのは一〇点ぐらいだったが、そのほとんどが一〇万部を超えたはずだ。

ビジネス書業界では「手にとるようにわかるシリーズ」を立ち上げた編集者として私のことを評価して下さる人もいる。ありがたいことである。しかし個人的には、かんき出版在籍中につくった一〇〇冊余りの本の多くが重版になったことのほうを誇りたい。退職後も、私がつくった本は何冊もリメイクされ売れ続けた。

「手にとるようにわかるシリーズ」は、「経済」「金融」「税金」などがベストセラーになった時点で、ある意味、編集部の手を離れたと言う人もいる。確かに、その後のシリーズ本が一〇万部以上売れたのは、営業部の功績も大きい。ただしそれも、編集者が読者の多くを満足させ、読者の興味をそらさないクオリティを持った本をつくり続けた――という大前提があってのことだ。

ベストセラーは編集力だけでなく、宣伝広告作戦も含めた営業力も大いに関係するが、営業力だけで五万部級の本を何冊も続けることはできないものである。優れた内容でもない本を、四苦八苦して営業が売ったとしても、いずれ先細りする。

一方で、地味だが着実に売れていくロングセラーも大切である。ビジネス書、とくに実務書というものは、着実につくれば一定部数は売れる。ただこの「着実につくる」ことが、なかなかむずかしい。

ベストセラーだけでなく、ロングセラーも出せる編集者は、「このテーマは大きく売れる。このテーマは何かの仕掛けでもしない限り地味にしか売れない。しかし必ずロングセラーにできる」という「読み」ができる。だからベストセラーもロングセラーもつくれるのだ。もっと言うと、優れた編集者は、「まったく売れないズッコケ本」をつくらない。

◉——読者を満足させる本を編集できるか？

両立はむずかしいことかもしれない。しかし、今こそ編集者にはそのことが求められている。出版が事業になり、営業力が強くなることと比例して、類書と特定著書への偏りが増えた。そのようななか、「編集力」が問われているのではないだろうか。

すでに述べたように、編集者は本という〝商品〟をつくっている。そうである以上、「どうつくれば売れるか」を考えるのは当然だろう。営業マンとは別の意味で〝売れる〟ということに気を配らなければならない。

「いいものをつくれば売れる」

という単純な発想ではない。

「読者の役に立つ、読者の興味をそそるものをつくる」

ということである。それには、読者が何を考えているか、悩んでいるか……をとことん追求しなければならない。新しい企画も、そのなかから生まれる。


本が売れる大きな要素は、タイトルである。このあたりは、第3章でじっくりと書きたいが、タイトルと前書きで読者の興味を引き寄せ、「この本は面白そうだ」と思ってもらう。編集者は、内容を充実させることと同じぐらい、「どんなタイトルにするか」を、脳に汗して考えなければならない。


しかし逆に言えば、あまりたいしたことのない内容でも、タイトルしだいで売れることも多い。多くの編集者は、ここで勘違いをしてしまう。

「タイトル〝さえ〟よければ売れるのだ」

――と。絶対に（と言ってもいい）そうではない。

「タイトル〝さえ〟」ではなく、「タイトル〝も〟」と考えるべきだろう。タイトルや見た目（装幀など）がよければ、初速は勢いよく売れるかもしれない。しかし、内容のない薄っぺらい本は、一時期売れるかもしれないが、あるときガクンと売上げが落ちる。

ロングセラーにならないのだ。

出版社経営という観点からも、ロングセラー商品を多く持っているところは安定しているものだ。ベストセラーを狙いつつ、安定して長く売れる本を目指すことが、編集者に求められている責務でもあると思う。

だから私は、ベストセラーを連発する編集者を評価しつつ、地味だが長く売れる本をつくり続ける編集者を同じぐらい評価したい。ベストセラーは、タイトルや広告や営業力だけで生まれることもある。しかしロングセラーは「高いクオリティ」を備えていないと生まれないものである。

第2章

編集者として最低限、備えておくべきもの

――「編集者」は、何でもできる黒子である

編集者は自らの全人格を賭けて
著者とやり取りをし、出来上がった本を読者に届ける。

1 では、編集者の適性とは何か？

◉——編集には、ある程度のセオリーがある

編集という仕事は、個別的である。ある本で通用したセオリーが、別の本では通用しない。そもそも「セオリー」そのものが、ないかもしれない。仮に雑誌編集でも、去年の一月号の方針と今年の一月号の方針とでは、似ているけれど微妙に違うはずだ。

だから、「一概に言い切れない」ということが非常に多い。

出版社時代、一人の後輩と一冊の本をつくったことがあった。それからしばらくして、別の本でもまた、その後輩と一緒に組むことになった。

彼は私の言うことに少し納得がいかないようだった。

「なんか、不満がある？」

「だって、片山さんの言っていること、こないだと全然違うじゃないですか」
「うーん、基本は同じなんだけどなあ。本が違うしテーマも違うんだから、編集の方法も違って当たり前だと思うよ」

そういうことなのだ。シリーズ本で体裁が決まっているものならともかく、基本的に書籍は一冊一冊が「新商品」である。著者も違えばテーマも違う。著者とテーマが違えば、つくり方も違う。売り方も違う。

編集者はそういうことに、臨機応変に対応していかなければならない。

一冊一冊、考えるのである。

とはいえ、それなりのセオリーというか、原則はあるはずだ。私はこの本で、できるだけそのセオリーを書こうと思っている。いい本をつくる原則、売れる本をつくる原則のようなものは、曖昧とはいえ確実にあるのだから。

ただ、この第2章では、テクニック的なことを書く前に、編集者としての資質のようなことを、まず書いておきたいと思う。言い古されたこともあるだろうし、やや精神論に近くなるかもしれないが、いちおう編集者の心得として頭の片隅に入れておかなければならないことばかりである。

◉——失敗を怖がらない決断力と行動力はあるか？

常に前向きでアグレッシブな人でないと編集者になれないかというと、決してそういうことはない。私自身どちらかというとマイナス思考のほうだし、精神的に決してタフではない。自律神経失調症にもなったぐらいだ。

しかし、こと仕事に関しては、緻密さと行動力はそれなりにあると思っている。性格的に、エンジンがかかるまでに多少時間はかかるし、集中力も落ちてきた。とはいえ、いったん仕事モードに入ったら人が変わったようになる。

さすがにここ数年は、はいはいとどこへでも行くことはなくなったし、持続力も衰えてきたが、五〇歳ぐらいまでは、電話一本ですむところを会いに行くこともあった。気力も体力もあった三〇代、四〇代は、出版人のパーティーや会合にも、頻繁に出かけた。

そこは、情報収集の場でもあった。

今では著者やデザイナー、印刷所などとも、簡単な打ち合わせはメールですむ時代になった。しかし、私のメールはやたらと長い。きちんと説明しないと落ち着かないのだ。

ビジネスメールは、簡潔明瞭に書くのが正解だろう。その代わり、

「あなたのメールは長いが、二度、三度読むと、もう会わなくてもいいぐらいきちんと説明されている」

と、妙な誉められ方をされたこともある。

編集という仕事は、企画者、プランナーとしての華やかな部分と同じぐらい、ゲラ（校正紙）を読んだりコピーを取ったり……という地味で細かい仕事がある。それらは、細かくても一つひとつは大切だ。編集者一人でこれらすべてをこなすことは少なく、アシスタントがいたりデザイナーや校正者が絡むことが多いかもしれない。

そのように他人に任せる場合でも、編集者はそれらの多くの仕事を取り仕切っていく。そのたびに決断を迫られるだろう。黒か白かという局面もある。いちいち失敗を怖がっていては、いつまでたっても本はできない。

救急隊員や、あるいは大工職人などのような〝捌《さば》き〟が要求される。なかには失敗が許されないような決断や作業もある。しかし、

「間違ったら、できるだけ早いうちに訂正すればいい」

と割り切るぐらいの度胸がないと、編集者は務まらないとも言えるだろう。

編集者になったときから、この度胸を持っている人もいる。そういう人は、まさに編集が天職かもしれない。しかしそれだけで務まるほど、編集者は甘くない。多くは、もともとそういう気質を持った人が、失敗を積み重ねて決断力と行動力を身につけて行くのである。

「細心にして大胆な決断力」
優れた編集者には、これがある。

◉——何にでも首を突っ込む好奇心はあるか？

私は経済や会計、税務などには、それなりに詳しくなったつもりだ。では、芸能やスポーツはまったくダメかというと、こちらも人並みに知っているつもりでいる。

読む本も、ノンフィクションが好きではあるが、ミステリーや文芸は見向きもしないかというと、これもそれなりに首を突っ込む。賞を取った本は、すべてではないにせよ買うか、斜め読みする。ベストセラーになった本は、とりあえず読んでおく。

俳句も短歌も詩もつくる。むしろそちらのほうが、「本当の自分」かもしれない。

尊敬する先輩編集者が私の読書傾向を評して、「あなたは悪食だね」と言ったことがある。しかし私は、それでいいと思っている。悪食だから、いろいろな知識を広く浅くだが身につけることができたのだろう。

もちろん、芸能にもビジネスにもスポーツにも、ノンフィクションにもミステリーにも、すべて専門的に詳しくなくてもいいし、書評家のようにすべて詳しく読む必要もない。そもそも編集者というのは、「雑学者」でもある。「あ、それ何となく知っている」というレベルでもいいのである。常に三六〇度アンテナを張っておくことで、編集者は「専門バカ」にはならない。

ビジネス書編集者である私が打ち合わせをしていて、たまたまワイドショーの女子アナの話になったとしよう。そんなとき、「それ、誰ですか?」では、編集者としての知識程度を疑われる。ではどうするか?

極端なことを言うようだが、知らなくても知っているフリをする。ビジネス書編集者だから文化や芸能について知らなくていい、ということはないのである。

とくに編集者には、引き出しの多さが求められる。ビジネス書をつくっていても、AKB48から歌舞伎、ロックまでフォローしておくぐらいの好奇心がほしい。

それには聞きかじりの知識で良いから、人に話してみることだ。聞いたばかりの知識を、さも昔から知っているかのように話してみる。これは冷や冷やするものだが、そうすることで、「聞きかじり」は「本物」の知識になっていくこともある。

もちろん、たとえば相続税の本を編集しているとき、相続・贈与について聞きかじり程度しか知らない、というのでは困る。税理士並みに詳しくなれとは言わないが、少なくとも普通よりは知っておかなければならない。そうでないと、相続税・贈与税についてわかりやすく知りたがっている読者と同じ目線に立てない。

類書は多いが、ちょっとした切り口ひとつで斬新な本になることもある。「生き方論」の本など、掃いて捨てるほど出版されているだろう。しかし逆転の発想で、それらの本の中に新しいアイデアが隠されているかもしれない。したがって一冊の本を編集するときは、類書を何冊も読むぐらいではないと、平凡な本しかできない。

整理術、メモ術といった本もそうだし、税金、経理などの実務書でも同様だ。そうしないと、その類書が売れた理由が本当にはわからない。類書の長所と短所を把握し、それを超えるものをつくるのである。

また、セミナー、勉強会といったたぐいの集まりには積極的に参加すること。一〇〇回参加して本当に「これ！」という著者（あるいはライターさんやデザイナーさん）に会えるのは一回か二回かもしれないが、オフィスでじっとしていて、ネットで検索して著者を探すこと以上に、直接の出会いを大切にすることだ。

●――夢と情熱を持っているか？

「夢と情熱」とは、いわば精神力（メンタルの力）でもある。同じ技量の編集者が競うと、間違いなく夢と情熱のある者が先行するものである。

編集者にとって不可欠なものは、鋭敏な感性である。感性を磨くには、三六〇度周囲を見つめ、さらに自分自身も深く見つめる必要がある。

「このテーマで何か考えられないか」

「この本をベストセラーに持っていけないか」

こういうふうに必死で考える。それはテクニック以前の、魂の問題である。ここから、「これだ！」という見出しやタイトルも誕生する。

どのような仕事にも、夢と情熱は必要である。とくに出版は、タイトルひとつで大売れしたり大惨敗したりもする。また、地味に売れている本の読者が、「感動しました！」というメッセージを送ってくれることもある。夫婦でやっている出版社が、ベストセラーを出すこともあるのだ。


昔ほど言われなくなったが、まだまだ出版には、〝バクチ〟の要素もある。このバクチがピタリと当たった場合――これもある意味で、出版の醍醐味でもある。

しかし、根拠のないバクチではいけない。できる限りの情報を収集し、感性を磨き、「このテーマを、こういうタイトルで出版すれば、読者も感動し、売れる」という確信に近い想いを持ってほしい。このとき、さまざまなデータを読み取ることも大切である。書店売上げのデータを読み解くことは、新しい企画にもつながる。

そして何より、編集という仕事に誇りを持ってほしい。

私はビジネス書の編集をしたかったわけではない。最初に入社した出版社が、たまたま経営実務書を専門にしていたというだけだ。けれども今は、「ビジネス書編集」という仕事が好きである。心血を注いで、いい本をつくりたい。

それは「志」でもあり、必ず何かの形で読者に届く。「志」などと曖昧な言葉でなくてもかまわない。活字を通して社会や読者に何が言えるか、どういう接点が持てるかという気持ちを必死で考えてほしい。しかし、「志を持て。そもそも志とはこういうもので……」などと言うことは、まったく意味がないとさえ思う。

つくった本が、編集者の志を代弁してくれるのである。

読者が興味を持つだけでなく、感動してくれたら、その本が売れる可能性も高くなる。感動してもらうには、つくっている本に編集者自ら感動するぐらいの姿勢がほしい。奥の深い内容の本だ、というものでもいいし、なんとわかりやすい、というものでもいい。

編集は、小さな仕事の地味な積み重ねである。だからこそ、情熱がないと続かない。売れたときは派手だが、売れる売れないにかかわらず何かと雑用・雑事は多い。しかもこれが、なかなか分業化できないのである。

本は、一人の編集者の雑事のなかから生まれているからだ。

「今はまだ小さいが、ベストセラーを出してこの出版社を大きくしてみせる」

という夢でもいい。優秀な編集者のほとんどは、熱い心を持っているものだ。

◉──「人間」が好きである

編集者は、人間が好きでないとやっていけない。

冷静に考えてもらいたい。編集者はさまざまな分野のプロフェッショナルと付き合う。まれに、自分で何でもやってしまう編集者もいるが、多くは長続きしない。今ならＤＴＰオペレーター、装幀家、著者、イラストレーター、デザイナー、そして印刷所や書店──こういう人たちと付き合うには、それぞれの分野の知識は必要だろう。しかし同じぐらいの技量は持てない。いわば「プロの力をどこまで借りるか」が、編集者の仕事である。

人が嫌いでは、とてもやっていけない。

本づくりは、チームプレーである。そのチームの中心に、編集者がいる。そしてチームの全員を動かしている。ほとんどがその道のプロだとしても、気後れせず、ときには強く手綱を引かなければならない。イラストレーターやオペレーターの技能を尊重しつつ、よりクオリティの高いものに仕上げてもらうよう、〝育てる〟ことも必要だ。

こういうとき反感を買っては仕事にならない。

だから人に好かれることは不可欠だろう。言うまでもなく、こちらが好きにならなければ相手からも好かれない。優れた編集者には、「何とも言えない好感度」があるものだ。

私はフリーランスになってから、より強くそのことを感じた。

フリーというのは、「仕事をもらう立場」である。このとき、「嫌な人間」より「好感の持てる人間」に仕事を頼むのが人情というものである。

では、どういう人が好感を持たれるのだろうか。

いろいろあるだろうが、まず「相手の立場になって物事を考えられる人」。こういうことを言われたらあまりいい気はしないだろうな、という思考回路を持ってほしい。むずかしいことではある。けれども、できないことではない。

編集者にはもちろん、自己主張も大事である。しかし、「オレがオレが……」では誰も付いてこない。チームプレーにならないのである。

そして相手の言うことを頭から否定しないこと。異論はあったとしても、まず「そうですね」と受け止める。芸能人やスポーツ選手へのインタビューでは、判で押したように皆さん「そうですね……」と言う。あれは決して、無意味なことではないのだ。

最初に「そうですね」とやわらかく肯定しているから、そのあと反論しても、あまり反感は持たれないものである。

「細心にして大胆」
そして何より「人間が好き」
――これが編集者の条件。

2 人の話をどこまで聞けるか？

◉――聞き上手には、情報や人が集まってくる

もうひとつ、編集者にとって大切なことは、「聞き上手」であることだ。このことは非常に大切だと思っているので、あえて別項目にした。

編集は共同作業でもある。そこでは意見の食い違いも起こるだろう。ここで、まとめ役である編集者が強引に自分の意見を言ったら、どうなるだろう。自分の意見を通す自信は大事だが、〝言い方〟しだいで、好感を持たれたり反感を買うこともある。

コミュニケーションの本には、決まってこう書かれている。

「基本は、イエス・バットである」

――と。つまり「その意見、違うなあ」と思っても、まず軽くでいいから肯定する。「な

るほどねえ」でもいい。それが最終的に自分の意見を通すことになる。

編集者は、ペラペラしゃべって強引に仕切ってはいけない。各人の意見を聞き、調整し、しかし意見も言う。それが編集者という仕事だと思う。

つまり、最初にまず「聞く」ということがあるのだ。編集者は、「しゃべりたがり屋」のほうが多いものだが、「聞き上手は話し上手」という言葉もある。

延々と自慢話や噂話をする著者やライターに対して、聞き役に回るのは大変だ。反論したくても、普通は著者たちと言い争いをしたくないから、聞き役に回る。だが、ここで「我慢している」と思わないようにしたい。積極的に話を聞くのである。漫然と聞くのではない。〝前向き〟に聞くのだ。

そうすれば、人も情報も集まりやすくなるだろう。

そのとき、謙虚に聞くこと。大物の著者やデザイナーは別として、普通は編集者がライターさんなどに〝発注〟する。だからつい、上から目線になる。

私はこの「発注」という言葉が好きではない。誰かと一緒にいいものをつくっていきたい、という気持ちからは、発注という言葉は出てこないと思うのだ。だから私は常に、「原稿執筆や編集を依頼する」という言葉を使ってきた。

編集の工程表などには、「○日　カバーデザイン発注」などと書かれていることがある。

工程表だからある程度は仕方ないにしても、正確には「カバーデザイン依頼」だと考えるべきだと思う。互いに〝対等〟な立場で、高い熱意と熱量をぶつけ合うことで、いいもの、斬新なものも生まれてくるはずだ。

◉――聞き上手になるための、いくつかの法則

一冊の本の制作には、著者だけでなく、デザイナーなどさまざまな人が関わる。彼らの意見をよく聞いて、その人たちから、どうやって〝いいもの〟を引き出すかが、編集者の仕事でもある。

だから編集者は、単に聞くだけではいけない。著者やデザイナーや、部下の編集者などがわかるようにきちんと「説明」する能力も必要になる。

ときどき、この説明が下手な編集者がいる。こういう人がいくらテクニックを身につけても、「どこか違うんだよなあ……」という本しかできない。編集者が何を考えているかわからないと、周囲のスタッフもどうしていいかわからない。

「私はこういうふうに考えているのですが、あなたはどうですか？」

非常に面倒なことだが、これを嫌がっていては良好なコミュニケーションは築けない。

聞き上手な人を相手にすると、いろいろなことを話したくなる。

どんな人が聞き上手かを、ひと言でいうのはむずかしい。しかしひとつだけ言えるのは、相手を気持ち良くさせることができるかどうか――ということである。その意味では、優れた編集者は〝人たらし〟だという言葉もある。

「もっと話したい。この人と一緒だと心地よい」

「あの人の頼みは断れないなあ」

そう思わせられるだろうか。これは、おべんちゃらを言うことではない。もちろん相手を持ち上げることも必要だが、著者やデザイナーの〝暴走〟を止めるのも編集者の役目である。編集者は著者と読者の橋渡しだと先に書いたが、読者と著者のことをわかっていないと、本当の橋渡しはできない。

一般論だが、往々にして著者は「書きたいこと」が前に出て、「読者は何を読みたがっているか」が見えていない。ここを調整するのが編集者である。

◉――ひと呼吸おいてから反論するのが会話のコツだ

数多くの原稿のなかには、はっきり言ってとても本にならないようなものもある。だがここで、放り出してはいけない。「どこかに、いいところがあるはずだ」という視点で原稿を見たい。隠れた良さを見抜くのも編集者の仕事である。

たとえば編集者が考えているイメージと違った原稿があがってくる。そのとき、

「これはダメですよ」

と、いきなり言ったのでは先に進まない。書き手には書き手の考えも哲学もある。まずそれをじっくり聞く。反論があってもすぐに言い返さず、こんなふうに言う。

「なるほど、よくわかりました。基本的にとてもいい原稿だと思います。ただ、あえて注文をつけさせていただくと、この部分……」

それだけでいいのだ。

単なるヒアリングではなく、コミュニケーションの一環として「聞く」ことの重要性を考えた場合、相手に満足してもらい、気持ちよくなってもらわなければならない。話を聞いて受け止めるとき、無理に理解しようと思わなくていい。わかってもいないのに、

「私はあなたのことを理解していますよ」

といったことを言ったり感じさせたりすると、まさに逆効果である。

ではどうするか――。

理解ではなく、共感すればいいのだ。

「いいねえ！」と最初に言っておいて、反論はあとにする。これが基本である。

編集者に欠かせない能力に「交渉力」がある。これも、まず聞くことから始まる。いったん受け止めて、それから交渉のテーブルを挟むのである。

◉——常に笑顔を忘れてはいけない

私はこの本で再三、編集者（エディター）は黒子である、と書いている。黒子は基本的には、表面に出ないものである。

世間的にも知られた編集者のなかには、「あのベストセラーは、自分が仕掛けた」とメディアなどで公言する人もいる。それはそれで、かまわないと思う。

どちらが良い悪いということではない。ただ私は、そういうプロデューサー的編集者タイプではない、というだけだ。黒子が前に出てしゃべってばかりでは、舞台は機能しない。あくまで後ろに下がって、主役を立てる——それはビジネスや人間関係で言えば、「聞き役に徹する」ことと、ほとんど同じ意味を持つ。

ただ漫然と聞くだけではいけない。相づちの打ち方とタイミングも、大切だ。それなりに技術も必要になるだろう。だが基本は、相手を立てる（誉める）ことである。

もちろん、反論してもいい。しかし、まず相手の話を受け止めてから反論するのがベターである。また、相手の話はできるだけ最後まで聞くこと。そうやって相手の気持ちを包み込み、受け止めるような対応を続けていれば、必ず人は近づいてきてくれる。

なお蛇足かもしれないが、このとき忘れてはならないのが「笑顔」である。普通の人は、笑っている人に議論をふっかけたりしない。

3 「読者と同じ目線に立つ」ということ

◉——「読者が感動する本」を目指す

編集者には文科系とくに文学部出身が多い。私もそうである。

文学部出身者は、経済だ経営だ会計の知識だとなるとからっきしダメという人が少なくない。では、そういう人はビジネス書の編集はできないのだろうか——。

そんなことはない。

私など、二四歳のときに最初の出版社に勤めて初めて、日経新聞の存在を知ったほどだ。それが今では、いっぱしの「ビジネス書編集者」として、仕事をしている。

基本をまったく知らなかったから、それなりに一生懸命、経済や経営の勉強はした。そうすれば少しでも、ビジネスマンや経営者の気持ちをわかるだろうと思ったのである。日経新聞、日経産業新聞、日経流通新聞などは、それこそ隅から隅まで読んだ。この頃の数年間が、私の原点にもなっているかもしれない。

この頃は、中小企業の経営者向け雑誌の編集部にいた。取材で中小企業の社長さんにお会いすることも多かった。

このとき学んだのは、編集者である前に社会人でなければならない――ということだった。コミュニケーション能力、人づきあいの常識……そういうものが欠如している編集者は、ビジネス書をつくることはむずかしいものである。

しかし編集者になろうかという人間は、はっきり言って「普通のビジネスマン」ではない。どこか変わっているものだ。しかし私はこの「個性」も大事にしたかった。それは、「私はこういう人間です」という〝看板〟のようなものだ。


ある程度ビジネスについて知っておかねばならないが、専門家になる必要はない。このあたりは説明がむずかしいのだが、あえて言うと、編集者としての目線と読者としての目線を自在に使い分けるということだ。ある時は編集者になり、ある時は読者になりながら本づくりに携わる……。

それができれば読者の目線から大きくずれた、ピント外れの本には絶対ならない。

読者が、「そうなんだよなあ」「そこが知りたかったんだよ」と思うように、どんな見出しを付け、どんな図表を入れるかを、とことんまで考えてほしい。

編集者にとって大事なことは、「読者と同じ目線に立つ」ということなのである。

当然のことなのだが、これがなかなかむずかしい。


ビジネスの入門書の場合、著者の多くは専門家であるため、原稿の内容も読者にも理解できるようなわかりやすさになっていないものだ。それを噛み砕くのは編集者の仕事である。そのとき、ある程度の専門的な知識がないと噛み砕けない。何の勉強もせずに、ただ、「私にはむずかしいので私にわかるように書いて下さい」と言う編集者ほど、腑抜けた本をつくる。「私」にはわからなくても「経営者」や「営業マン」にはわかるかもしれない。

逆に専門家になりすぎて読者の目線を忘れると、「これは私にはわかりやすい」と思う。だが、「私」にはわかっても「読者」にはわからないかもしれないではないか。

「そうなんだよなあ！」

「なんて、わかりやすいんだ！」

こういう〝感動〟のある本が、「いい本」だと私は思っている。

噛み砕いているうちに編集者にもだんだん〝知識〟がついてくる。たとえば「決算書」の入門書をつくっているうちに、いつの間にか決算書に詳しくなっていく。そのこと自体はいいことだ。とはいえ今の時代、会計や経理の本しかつくれないのでは、やや力不足だろう。私は、どんな本でもつくることのできる編集者でありたい。

第1章の51ページでも触れたように、ビジネス書の概念が大きく変わってきている。かつて「わかりやすい経営実務書」だったビジネス書は、単純に「ビジネスマンが読む本なら、みんなビジネス書」という感じにさえなっていると思う。

となると、四方八方に目配りのできるセンスが求められる。

◉――「読者目線」の位置は、どのあたり?

読者の目線になる――。このことは第1章でも何度か触れた。編集者の基本である。

では、目線はどの程度がいいか。これはもう、編集者の感性に任せるしかない。言い換えればこの「読者目線」を持っている編集者だけが、売れる本をつくれるのである。とはいえ、むずかしく考えることはない。常に、「読者だったらどう考える(感じる)だろう」と考え続けることだ。

困ったら、対象読者に最も近い知人を想定すればいい。あるいは肉親でもいいだろう。そういう人に語りかけるように編集していくのである。

たとえば――、

時速二〇〇キロ以上出るポルシェがのろのろと走るように、専門知識を持ちながら目線を落として説明できるかどうか。大学教授が子供にわかりやすく教えられるかどうか……。ここが「売れるハウツー書」をつくれるかどうかの分岐点だ。

つまり、豊富な知識を持ちながら、それを専門的に説明するのではなく、素人にもわかるように平易に説明するのである。

大人が子どもに語りかけるときには、座って優しく話すだろう。今どきいないかもしれないが、先輩が後輩を諭したり教えたりするときには、肩を抱くように優しく語りかけるだろう。こういうスタンスが重要になってくるのである。

とくに入門書の場合、教壇の上から高説を垂れるような本になってはいけない。

ある程度の知識を持ちつつ、目線を落とすことができない編集者は、自分の知識や興味が誰にでも通用すると思っている。こういう人は、自ら手がけたヒット作のことをとくとくと語る。しかしそういう編集者は、長くヒットを飛ばすことは出来ないものだ。

逆に目線を落とすことのできる編集者は、自分あるいは著者の専門知識を平易に表現することができる。その結果、何年も売れ続ける本をつくることができる。

優れた編集者かどうかは、手がけた刊行物が語ってくれるのである。

◉──読者とは「本を買ってくれる人」でもある

本をつくるとき、「売れたらいいなあ」と多くの編集者は思っているだろう。図書館は別にして、本を読んでくれる読者は本を買う。であるなら、「営業センス」のようなものも持っていたほうがいい。おそらくそれが、読者の目線を知ることにもつながる。

自費出版以外の本は、「販売」される。昔は小さな書店がたくさんあったが、今ではメガ書店だらけになった。そこへ、アマゾンなどのネット書店である。

こういう場所で、自分のつくった本はどういう売られ方をするのか、またどういう売り方をすべきなのか……このことを編集者の視点で考えてほしい。本をつくったら営業部任せというのではなく、売り方について営業部と議論するぐらいの編集者のほうが、間違いなく売れる本をつくる。

この本は基本的に編集について書くものだから、営業についてはあまり触れなかった。しかし私はこれまで、販売ということを常に頭に置きながら本をつくってきた。こういうふうにつくれば、より売れるだろう……と。

「読者をうならせる、いい本をつくってみせる」という気概と同時に、「書店（ネット書店も含む）が驚くような本をつくる」という気持ちは、いつも持っていたい。それが、読者の目線に近づくことにもなるはずだ。

4 編集者が持つべきコスト意識

◉──ただコストを下げればいい、というものではない

編集者は、企画者であると同時に「制作担当者」でもある。したがって、コストパフォーマンスを常に考えた本づくりを心がけないと、カネばかりかかって出版社の資金繰りを圧迫する。これは決して好ましいことではない。もちろん、他の業種と一緒で、コストは単純に下げればいいというものではない。下げられるところは下げ、豪華に見せるところはカネをかける……このバランス感覚も重要になってくる。

ビジネスの基本は「早い・うまい・安い」だと私は思っている。つまり、迅速に、高品質のものを、低コストで……ということだ。これは書籍にも当てはまる。もちろん、何百万円もコスト（主に広告費）をかけてリターンを狙う方法もある。しかしこれはなかなかできる

ものではない。失敗したら経営が危うくなるぐらいハイリスクだからだ。

いずれにせよ、編集者も印刷代や紙代、外注費などのことをある程度知っておかないと、カネばかりかかる本をつくることになる。

「コストがかかっても、売れればいいじゃないか」

と開き直る編集者もいるが、世の中そこまで甘くない。また、コストのことは制作部に任せればいいと考える編集者もいるが、これもいびつである。


私は小さな出版社で育ったから、コストのかけ方もセコい。だが本をつくるときに、いつもこういうふうに考えることにしている。

たとえばカバーの用紙の品質を上げ、見栄えを良くしたとする。このコストアップ分は、五万円だとしよう。定価が一五〇〇円、取次正味が一〇〇〇円だとすれば、五〇冊分の売上げである。五〇冊売上げが伸びれば五万円になる。つまりこのコストアップをしても読者が五〇人増えればかまわない、ということである。

逆のことも言える。たとえばカバーの用紙をワンランク落とす。具体的にはアート紙からコート紙に落とす。同じ白い紙でも、ややくすんだ感じになるはずだ。もしカバーが白地を基調にしたデザインだとすれば、これは確実に書店での見栄えが悪くなる。

アート紙からコート紙に変えたコストダウン分は、一万冊分印刷したとしても数万円である。仮に五万円だとしよう。先の考えでいくと、五〇冊分である。私は、アート紙からコート紙に変えることで、全国で一〇〇人ぐらいは店頭で見過ごす人がいると信じているから、白地のデザインのときは絶対にコート紙は使わない。

本文用紙も同じである。すぐ黄ばむような紙は、ロングセラー狙いの本には使えない。これは極端な考えかもしれないし、「五〇人、一〇〇人」といった数字も根拠はない。しかし、少なくともこのような考え方をすべきだと思うのだ。コストのことは制作部任せ、というのでは本当の編集者とは言えない。

なお、編集を少しやった人ならご存じだと思うが、本は一六ページ、三二ページ単位で構成されている。もちろん四ページ、六ページでも刷れなくはないが、印刷代は一六ページのときとほぼ同じである。ということは一九二ページの次は二〇八ページ、その次は二二四ページがベストである。

このページに収めるため、あそこを削り、こちらを移動し……と編集者は苦労する。こういういわば即物的な雑事が、編集作業のひとつでもあるのだ。編集が地味だと言っている根拠はそこにもある。

◉――「この見出しを変えると読者は何人増えるか」と考える

これは資材だけでなく、原稿整理における手間のかけ方でも同じことが言える。

この見出しをこういうふうに変えることで読者は引きつけられるか、逃げていくか……。それを考えながら仕事をすべきだろう。この見出しをこう変えれば、読者は五〇人増えるかもしれない。逆に、こうすれば一〇〇人逃げていくかもしれない……。

もちろんデータもないし私自身も確証はない。あくまで感覚的なものだ。「こういう見出しは読者に受け入れられる」という法則はないだろう。しかしそう考えることは、常に「読者」を意識することにもつながっていくと思う。

「いい見出し」は、読者を引きつける。わずか五〇人かもしれないがそういう読者が積み重なることによって「いい本」が出来上がるのだ。

だから私は、見出しやタイトル、サブタイトル、前書き、目次……といった主要な部分には、納得のいくまで手間をかける。

タイトル、見出しや前書き、目次などは、読者が書店で手にとって最初に見る部分である。全部読んで買うか買わないかを決める人はあまりいないだろうから、この「前書きや目次」で読者の気持ちを引き寄せなければならない。

これに関して第3章で詳しく説明したいが、単に手間をかければいいというものでもない。

その見出しや目次が読者の感性、ニーズにジャストフィットしているかどうか、読んでみようと思うかどうか――、抽象的だが基本はそれに尽きるのである。

◉――本扉裏は「白」!

なお、コストダウン、それに社内ＤＴＰの行き過ぎで、本来あってはならない本ができる。たとえば「見返し（本を開いて最初にある紙。書物の表紙と本文との間にあって、両者の接着を補強する紙。一方は表紙の内側に貼りつけ、もう一方は『遊び』といって、本文の前に一枚入る形になる）」のない本。文庫本や新書ならわかるが四六判で見返しを「トモ紙（本文と同じ用紙を使用すること）」にしているものが、出てくるようになった。たしかに見返しの用紙代もいらないし、製本代も安くなる。

ギリギリのコストダウンを進めている出版社ほど、こういうことをやる。

だが比べてみるといい。いかにも安っぽい。

「読めればいいんだろ」

――そんな姿勢が垣間見えてくる。

いくらコストダウンが大切と言っても、本当にこれでいいのだろうか。

もうひとつ。本扉（大扉。書籍の見返しの次にくる扉）の裏から前書きが始まる本。雑誌やムックでは当たり前になっているが、私は一般書籍でここまでやっていいのかといつも思う。「本」には「本」であるべき様式があると思うのだ。

「売上げには関係ないですよ」

そう言う編集者もいる。そうかもしれない。扉裏を「白（何も印刷されていないページ）」にするのは、もったいないとも言える。しかし扉というのは舞台でいう〝幕〟である。幕の裏に役者がへばりついていたのでは、劇が進まない。

この考えを時代遅れと言う人もいる。

だが書籍は違うと思う。

一人ぐらいこういう編集者がいてもいいと、私は本扉裏は「白」にしてきた。

小説やエッセイなどでは、中扉裏も白であることは多い。ただし実用書は節見出しがノドにくると読みづらいものだ。各項目はできるだけ、見開き完結にしたほうがいい。

私は「見開きで終わる項目」にこだわるため、章扉裏から第一項を始めている。

5 他ジャンルの本にも目を通す

カバーデザインに関して、もう少し私の考えを書いておきたい。

◉──学習参考書などにも学ぼう

これからビジネス書シリーズ（とくにハウツー書）を立ち上げようと思ったら、書店のビジネス書のコーナーだけでなく、もうひとつ、行くところがある。書店の「学習参考書」コーナーである。あるいは、雑誌のコーナーでもいい。

学習参考書のコーナーには、世界史、日本史、数学……と、限られたジャンルの本しかない。しかし各社が趣向を凝らして、たとえば同じ世界史の本を出版している。カバーはどう違うか。デザインはどう違うか。構成はどう違うか……。

これらを見るだけで、実務書づくりの参考になる。たとえば簿記の本は、どうつくっても簿記の本である。奇をてらいすぎると「簿記を勉強しよう」と思っている人は戸惑ってしまう。ではどこで付加価値をつけるか。

以前私は、実務書のカバーに写真を配したことがある。今から三〇年ほど前のことだ。それまでは、たとえば『決算書がわかる本』であれば数字をコラージュしたようなデザインの本がほとんどだった。

しかし学参コーナーに行くと、『わかりやすい数学』という参考書にりんごの写真などが配されていたりした。これだ、と思い、『年金入門』の本に、白いテーブルと観葉植物と毛糸のきれいな温かいイメージの写真を置いた。もちろん豊かな老後をイメージさせる意味もあったが、写真としての美しさのほうを優先した。『経理センスが身につく本』のカバーには、卵からドル紙幣が生まれてコインが散らばっている抽象的な写真を置いた。

決算書の本だから数字をデザインする。速読の本だから本をデザインする――こういう硬直した発想だけはやめたいものだ。美しいカバーデザインを考える、という意味では、写真誌や美術誌に目を通してもいい。

最近のビジネス書は、タイトルとはまったく関係ない写真を全面に敷いたり、マンガやイラストを大きくデザインしたり、幅広の帯に著者の写真をでかでかと配したり……と、各編集者が工夫を凝らしている。かなり斬新なものも多い。

しかしこれも、はやりすたりがある。すぐに各社が同じようなカバーを出してきて、いつの間にか斬新ではなくなってくる。ある傾向のカバーが流行するのは、長くて五年だと思っておいたほうがいい。

だからこそ編集者は常にアンテナを張り巡らせ、雑誌などでも「これ、いいな」と思ったものは切り抜いておくぐらいの手間と努力を惜しんではならない。

◉——カバーデザインを魅力的にするのが第一関門

以上のことは、どちらかと言うと類書の多いハウツー書の場合である。最近は「ビジネス書」と言っても、以前とはかなり傾向が違う。非常に大ざっぱな〝くくり〟になっているのだ。自己啓発書あり、科学や物理の入門書あり、手軽な健康書あり……。要はそれらをビジネスパーソン向けに切れば、立派な「ビジネス書」になるのである。

こういうたぐいの本は、カバーデザイン、本文デザインにもしっかり気を遣いたい。女性読者が多いようならそのようなカバーを、若者が多いようならポップなカバーを、中高年相手なら活字を大きく……と。この気くばりは非常に大切になる。カバーが魅力的でないと、手にとってさえもらえないのだ。

私は、おとなしいカバーを好まない。「よろしかったらどうぞ」というカバーより「文句言わずに買ってくれ！」という迫力と魅力がないと、第一関門は突破できない。ただ最近は、どうも暑苦しく感じるようになって、スッキリしたデザインにしている。

カバーデザインも本文デザインも、「類書を見る」ということは編集の基本である。しかしビジネス書をつくるからといって、何もビジネス書を参考にすることはない。たとえば今どんどん出版されている「新書」。これらを上手にアレンジすれば、充分に四六判やムックになる。新書はテーマが絞られているから、一見単行本にはならないようだが、角度を変えて見れば、アイデアのヒントはいっぱいある。

◉――やはり大切なのは「内容」だ！

ただし、カバーはあくまで「玄関口」である。大事なのは本文のわかりやすさであることも認識してもらいたい。カバーとタイトルで読者を引きつけたとしても、中身が空疎だと口コミで広がっていかない。

いい本はブログなどで取り上げてくれる。これが馬鹿にできない。

すでに触れたように、最近はＤＴＰを自前でやっている編集部も多い。アドビのインデザインなどは、安価だし使い勝手もいい。しかし細かいデザインに気を取られて、内容に目が行き届かなくなるケースがよく見られる。

できれば図版の多い本は、プロに任せたほうがいい。しかしその場合でも、図解のラフは必ず編集者がつくること。著者がつくってきた図をそのまま使ったり、デザイナーに丸投げしていては、いつまでたっても「わかりやすい図解本」はできない。


私はフリーになるときMacを導入するかどうか迷った。そのとき、図表やイラストをつくってくれていた知人が「やめたほうがいい」と言った。

「片山さんは凝り性だしこだわるから、図表や本文デザインに手をかけるに違いない。編集で最も大切なのは企画なんだから、そういうところは、プロに任せたほうがいい」

というわけだ。その頃はMacも高価だったし、アプリケーションもまだまだだった。だからあの選択は正解だったと思う。ただしこれから導入を考える人は、前向きに対処してもいいと思う。DTPソフトも簡便になっているし、ページデザインを考える場合はワープロソフトでは力不足だ。


図解に関しては第3章で詳しく説明するが、図を多くすればわかりやすい、というものではない、ということだけは言っておきたい。よほど難解な文章でない限り、本文はある程度読解できる。本文のむずかしさは、見出しなどで意外となんとかなるものである。

しかし、わかりづらい図表ほど始末におえないものはない。せっかく一生懸命説明した本文がぶちこわしになる「図解」だってあるのだ。

なお、いわゆる〝洒落た〟ページ組版をしたい場合も、デザイナーに基本フォーマットを頼んだほうがいい。編集者にもできなくはないが、デザイナーが組版を考えたページは、やはりスタイリッシュである。

とはいえ、デザイナーに頼む場合でも、「丸投げ」は避けたい。たとえば、ある本を持ってきて、「このまま、こんな感じでやってほしい」というのは、編集者自らがエディトリアル・デザインに携わるのを放棄しているようなものだ。

「この本のここがいいので、うまく活用できないか」

せめてそれぐらいは伝えたい。

デザイナーは、本の中身までは編集者ほど知らない。それがわかっている編集者が、デザイナーに本の内容を的確に伝えるか、あるいは編集者なりのアイデアを提示する。そうすることで初めて、いいデザインの本が出来るのである。

ちなみに本書の本文デザイン、目次デザインの基本は、私が考えた。そしてそれをＤＴＰオペレーターさんに伝え、相談しながらさらに良いものにしたつもりだ。

第3章

いい本、売れる本をこうしてつくる！

――編集者に求められる、いくつかの「技術」とは?

編集技術には原則とセオリーがある。
しかしそれらは、無味乾燥なマニュアルではない。

1 「企画」は、どのように生み出すか？

◉――編集者は、人と会うのが商売である

編集者は、「人と会う」ことを面倒だと思ってはいけない。企画は本や雑誌からも生まれるが、圧倒的に誰かと話しているとき、誰かの話を聞いているときに浮かぶことが多い。

かつて作詞家の阿久悠氏が、「もう四年も連載を書いているのに、編集者と会ったことがない。いよいよ連載終了というときに〝これではまずい〟と思って自分から会いに行った」と書いていたことがある。二〇年近く前の話だが、おそらくこのあたりから何かが変わり始めたのかもしれない。

私は今、故郷の四国・愛媛県に住んでいる。デスクワークはこちらでやるが、出版社や著者（東京が多い）との大事な打ち合わせは、〝東京出張〟して行なう。この企画打ち合わせ

がうまく行くかどうかで、いい本になるかどうかの半分は決まると言っても過言ではないからだ。新しいアイデアも生まれるかもしれない。

人に会うこと、とくに著者と会うことは、それほど重要なのである。「体温」を感じることで何かが生まれる——と言ってもいい。

ネットの時代になり、簡単な打ち合わせはメールでできる。しかし肝心な部分は、やはり直接会って話したほうがいい。これから先、Skype（スカイプ）などがもっと普及すれば、沖縄や北海道、いや海外にいても、モニターを通して話をするのが日常になるだろう。

しかし、小説家、イラストレーターやデザイナーと違って、編集者は「人と会う」ことが大きな仕事でもある。企画も、そういうときに生まれる。雑談などからひらめくことも少なくない。先方の都合に配慮しなければならないが、仮に会えなくても、電話はマメにすべきだろう。私自身、メールは多用する。しかしメールと肉声は、違う。

私の場合、前もって「企画書」「企画案」のようなものを、メールなどで東京の編集者や著者とやり取りする。それを元に何回かアイデアを出し合って、本の骨子を決めていく。

たとえば、まず書籍にするのかムックにするのか、書籍でも新書なのか四六判なのか、あるいはカラーページはあるのかどうか、ということを決めていく。決まったら内容構成を考える。このあたりはメールで充分できるのだが、会って相談したほうがいい局面も出てくる。

企画内容の細かい詰めの場合だ。可能であればSkypeを使うこともあるが、重要な意思決定を迫られる場面が必ずある。そういう局面では、東京に行く。

序章（プロローグ）は、どのぐらい書き込むか。1章、2章は、どういう構成にしていくか……という、いわば「設計図」を描いた上で、細かいテイストは会って相談しながら煮詰めていくのである。

家を建てるときでも、設計図は不可欠だ。柱の位置から窓の位置、さらにはコンセントなどの電気系統や水回りを決めないと、人の住める家にはならない。

設計図とは、つまりは企画書である。

●――タイトルの付かないアイデアは企画にならない

「では編集者とは、建築設計士と同じようなものですか？」

と、問われたことがある。私はいつも、

「非常に近いけれど、仕事は建築設計士より細かく広範囲かもしれない」

と曖昧に答える。編集者にもいろいろあるように、建築設計士もマンション専門だったり、個人で建築事務所を経営している場合もあるし、大手ハウスメーカーに所属している場合もある。それぞれ、仕事内容は微妙に違うからだ。

大手ハウスメーカーの設計士よりは、中小ハウスメーカーの設計士、個人営業の設計士のほうが、小さいがゆえに仕事も多い。大手企業の設計士のように、設計図を書けばおしまい、ということはない。建築現場に足も運ぶし、自分のイメージしている部材が適切に使われているか——などもチェックすることがある。

同じように中小企業が多い出版社の編集者は、それこそ何から何までやらなければならない。印刷や製本、用紙について関わることもあるだろう。

住宅の建築現場を見るとわかるが、実に多くの業者さんが関わっている。大工さんだけでなく、水道工事、電気工事、庭造り、エアコンやカーテンなどの選択と設置……すべて、専門の人がいる。普通はこういう人たちのハンドリングは「現場監督」がするのだが、本をつくるということは、そこも設計士が担当するようなものだと考えていい。

この「設計図」を最初につくることは、本づくりにおいて非常に重要な要素である。内容構成とその充実だけではなく、たとえば「タイトル」、「カバーデザイン」、「見出し」、「見出しのタッチ」……。そういったものをイメージできているかどうかで、その後の編集作業がスムーズに行くか迷路にはまるか、変わってくる。

とくに「タイトル」。

タイトルの付かない企画は、モノにならないと思っていい。言い換えれば、企画もタイトルから始まることが多いのである。タイトルがひらめき、そこから内容を煮詰めていくのだ。メインタイトルでなくてもいい。キャッチコピーや、帯などのコピー……そういうコピーを、この段階では不完全でもいいから、思いつく限り出していく。

●――読者に何をアピールするか、を考え抜く

設計士は設計図を書くが、編集者は企画書を書く。普通は著者がつくってしかるべきなのだが、とくに初めて本を書く人は、どういうふうに書いていいかわからない。そこで編集者が、レジュメ（目次）、プロット（骨子）づくりのお手伝いをする。

著者のなかには、読者がよく見えてない人も多い。「書きたいこと」はあるのだが、それをどうやれば効率的に読者に伝えられるか、までわかって原稿を書く人はあまりいない。それは言い換えれば、どうすればより読者にアピールするか、どうすればより売れるか――ということでもある。

私は企画書をつくるとき、まず「読者」をイメージする。漠然としていることもあるが、かなり具体的に「父」「母」「子供」などと〝仮決め〟することもある。いずれにしても、ここが企画づくりのカギである。

そしてそのことを、著者にも勧める。

これは、文芸などでも同じだろうが、ビジネス書の場合、より鮮明だ。読者が見えていない企画書のまま本ができると、読者がどういう人かわからない本になってしまう。おそらくその本は、売れないだろう。

ビジネス書は、高名な小説家が著者ということは少ない。文筆とは本来無縁の、会計士や税理士、弁護士、医師、コンサルタントなどの実務家が多い。となれば編集者が著者と深く関わり、著者にアドバイスするシーンも増えてくるだろう。

たとえば最近の売れ筋に、「健康もの」がある。気軽に読めて健康になるという、都合のいい本でもある。今やこれもビジネス書に含まれるようになった。

これらの著者は医師や薬剤師がほとんどだが、読者に寄り添い、読者をうならせるプロットを立て、原稿を書ける医師や薬剤師、ヘルパーさんなどは限られる。

どうかすると医学専門書になってしまう危険性もある。

かといって、タイトルだけで中身のないトンデモ本では著者の見識も問われる。最近では、『長生きしたけりゃふくらはぎをもみなさい』（アスコム）、『薬が病気をつくる』（あさ出版）などの、刺激的なタイトルで売れた本がある。いずれも数十万部売れたのだが、この本、かなりまともなことが書かれている。そうでないと、打上げ花火のように最初だけタイトルのもの珍しさで売れて、パタッと売れなくなる。

今では書店の売り場を席巻する健康書。そのなかで、どうやって差別化するか。たとえばタイトルや見出し、デザインはどうするか……そこまで考えて初めて「企画」と言えるのだ。類書の多いビジネス書、実用書は、この「差別化」が、その本を大きく左右する。

この「差別化」――いわば「フックを効かせられるか」も、企画書のカギである。フックを効かせるとは、読者が「お、面白そう！」と思ってくれるように何らかのキーワードなどで引っかけることである。先ほど「タイトルの付かない企画はものにならない」と書いたが、タイトルとともに、このキーワードも大きな要素でもある。

しかし内容がいい加減だと、売れない。タイトルでフックを効かせてそれが当たって、いったんは売れても、「わかりやすい！」「まったくその通りだ！」という感動を持ってもらわないと、売上げはすぐに落ちる。

専門家である著者（健康書の場合は医師、薬剤師など）の専門知識をやさしく噛み砕いて読者に送り届ける――これが編集者の仕事だ。

●――プロットは堅牢にするかアバウトにするか？

第1章でも少し触れたが、文芸書の場合、「著者」と「書いてほしい（著者が書きたい）テーマ」が決まれば、企画はかなりのところまで進んでいるケースが多い。

「文芸書にもいろいろなプロセスがある」

と反論されそうだが、文芸書の著者の多くは文筆のプロである。書き始めると、よほどの新人作家以外は、いわば〝お任せ〟状態になる。プロットも著者の頭脳のなかにある。

だがビジネス書の場合、編集者がかなり細かいプロットを決めることが多い。いい意味でも悪い意味でも、「このように書いて下さい」という企画書をつくるのである。

このとき、著者の意向、出版の方針などの大きな骨組みは、徹底的に打ち合わせるべきだろう。著者は「いちばん読者に近いところにいる普通の人」でいい。本を書いた経験のない人、無名の人に執筆を依頼してヒットしたときの充足感を大切にしてほしい。

ゴーストライターを立てる場合もある。たとえば経理に詳しいライターが原稿を書き、内容は〝著者〟である公認会計士などがチェックする——といったケースである。このときは執筆のプロだから、細かいところは任せればいいだろう。しかし一概には言えないが、ゴーストライターの書いた原稿は、どこか説得力に乏しい。必ず編集者が会計士などに取材して、「生の声」を聞いて、原稿に反映させるべきだと私は思う。

いずれにせよ、著者は人間、編集者も人間。打ち合わせの過程で内容も微妙に変わる。そして時代も少しずつ変わっていく。思ってもみないような内容の本が爆発的にヒットし、出版界の流れが変わることもある。編集者は、その流れも読まなければならない。だから〝堅牢〟なプロットを最初から立てて、そのとおりつくっていくやり方は、私はしない。編集者やライターのなかには、かなり細かい目次案をつくってから仕事にかかる人も多いが、私がつくるのは全体のイメージ、大見出し（章見出し）と節見出しまでである。あるいはそこにカバーなどのビジュアルのイメージが加わる。

さらに、内容がパッとわかり引きつけられるようなタイトルを考える。

それ以降は、「この章ではこういうことを書く」といった「構成案」のみにすることが多い。この方法は、ある意味で邪道かもしれないが、私は本づくりのプロセスで生まれるアイデアを大事にしたい。

編集していくプロセスで、いろいろなアイデアが生まれる。それを許容する部分を残しておかないと、本は非常に堅苦しいものになって出来上がるだろう。仕事には常に、ブレーキの「遊び」のような部分を残しておくことが大切になるのだ。

◉――常に「仕上がり」をイメージする

しかしそれでも、それぞれの過程で、常に「仕上がり」をイメージする作業だけは怠ってはいけない。つまり、「この本はどういう本にしたいのか」という編集者の強い意志のようなものだ。いつもそれを確認しながら、仕事を進めていくのである。

逆に言うと、この「仕上がりのイメージ」がピント外れのものだと、どんなに緻密な編集作業をやっても、読者にアピールする本は絶対(と言い切ってもいい)つくれない。堅牢でもアバウトでも、その編集者なりの企画書をつくり、迷ったらそこに立ち返る……この繰り返しで本は出来ていくのだ。


「私はどんな本をつくろうとしているのか」

「出来上がった本は、どういう内容で、どういうデザイン(見た目)か」


それはいわば、「ゴール」の姿を常に頭の中に置く、ということである。

書店に並んだ、自分の編集した本。それはどういう本なのか。どんな読者が買っているのか——可能な限りこのことをイメージしてほしい。

それは営業マンの仕事ではなく、紛れもなく編集者の仕事である。

2　ビジネス書編集者にとっての「企画・構成力」

◉――ビジネスパーソンが読む本は、すべてビジネス書である

ビジネス書、実用書において、企画力は「構成力」と言ってもいい。いわば目次をつくる力である。

小説、ノンフィクション、コミックスなどの分野以外は、今やほとんどビジネス書だと言える。小さなカテゴリーだったビジネス書ジャンルも、膨大になると細分化される。だがよく見ると、類似企画が多いものである。

私はこれからの3章の説明を、主に「ビジネス書、実務書」に限定したいと思う。ふくれあがったビジネス書分野の「つくり方」を、ジャンルごとに小分けしていると、かえってわかりづらくなるからだ。文芸書に関する説明は、なるべく避けた。

ただし基本セオリーは、どのジャンルもそんなに変わらない。

ビジネス書と言っても、今や何でもある。すでに述べたように「主にビジネスパーソンが読む本」は、すべてビジネス書である。そして、その多くの本のキーワードは「わかりやすさ」である。これだけ種類が増えてくると高度な知識を必要とするビジネス書もあるが、それはビジネス書と言うより「専門書」だろう。

また、『マンガでわかる経理』といったものもあるが、これも私は広い意味でビジネス書だと思っている。ただ残念ながら、「マンガでわかる」と謳ったビジネス書のなかには、マンガでわからない本もある。これは編集者が安易に、「マンガを入れたら軽いタッチでわかりやすくなるだろう」と思っているからかもしれない。

マンガには絵とネーム（吹き出し）しか、情報がない。とっかかりとしてはいいかもしれないが、あまりにも少ない情報量では、わかるものもわからなくなる。しかし、文字びっしりのマンガでは逆効果になりかねない。このあたりのテイストはむずかしいところだ。

◉――企画力とはひらめきである

「これは！」と思わせるようなテーマを考えるのが、企画力である。だが、一見斬新だが、読者がついていけない（あるいは読者が少ない）のでは、考えものである。先に述べたように、常に「読者は誰か?」を自らに問い続けることだ。

たとえば「コミュニケーション」に関する企画を考えたとしよう。ここまでは誰でも考える。問題は、ここから先である。

説明する技術、聞く技術、ほめる技術、会話が途切れない技術、叱る技術……さらに、人を操る技術、嫌われない技術、なぜか人の集まる技術というふうに、いくらでも出てくるようでないと、編集者とは言えない。そしてここに斬新なタイトルを付けていく。

こういうものは、教えられてできるものでもないだろう。編集者が常に好奇心を持っていれば、〝ひらめき〟のようなものが、あるとき頭の中に浮かぶ。

この、ひらめきがあるかないかで、優れた編集者かどうかは、たいてい決まる。

「そんなにテーマを絞って、二〇〇ページまで引っ張れるのか?」

と考える人もいるだろう。

そこを引っ張り、また引っ張れるノウハウを持っている著者を探すのが編集者である。一〇年ほど前には、『3分以内に話はまとめなさい』(かんき出版)という本がヒットしたし、最近では『心配事の9割は起こらない――減らす、手放す、忘れる「禅の教え」』(三笠書房)という本もある。これらに共通しているのは、タイトルも含めてターゲット(読者)を絞り込んでいることであり、『コミュニケーション力がよくなる本』といった曖昧なタイトルではなく、「3分」「9割」といった数字を出すことで内容がより具体的であるかのような印象を持たせていることだ。

このように「3分」「3日」「1週間」「9割」といった数字を前面に出すことは、最近のタイトルのひとつの傾向にもなっている。

◉――編集者の原点は、「?」と「!」である

編集は細かく煩雑な仕事の集大成でもある。とはいえ、仕事の中核にあるのは「企画力」であることは言うまでもない。これがないと、何も始まらない。

つまり編集者は、まず優れたアイデアマン、プランナーでなければならないのである。

では、企画とは何か。

企画は、最初は単なる〝思いつき〟だったりする。

「これ、面白そう!」「これ、売れるかも!」

そういう小さな種を育てていくのが、編集者の仕事でもある。それこそ一杯飲みながらの、知人の何気ないひと言がヒット作に結びつくことも少なくない。ボヤッとしていたら逃げていってしまう。

〝思いつき〟は、企画の原点だとも言える。もちろん〝思いつき〟だけではダメだが、そういう「勘」のようなものがないと、企画は生まれない。

こういうひらめきや思いつきを、企画に練り上げる。これが編集者の役割であり、仕事でもあるのだ。思いつくには、幅広い好奇心も不可欠だろう。

私の尊敬する先輩編集者が、かつてこう言われた。

編集者の原点は「?」と「!」

名言だと思う。この「?」と「!」は、最初のうちは自分の興味のなかの個人的なものだ。それだけでは企画にも本にもならない。それを多くの人が共感できる内容に練り上げていくのである。

自分の興味や好奇心を突き詰めていくと、その回りのことも漠然とだが見えてくる。これが見えないような企画は、そもそもモノにならないし、これが見えない編集者は、〝資質〟に欠けているとさえ言ってもいいかもしれない。

読者を常に意識する――ということは、これまでもしつこいほど書いた。

「もういいじゃないか」

と言われそうだが、本は書店や取次ではなく、読者のためにある。このことだけは、忘れないでほしい。悩んだり迷ったら、まずこの〝原点〟に戻ってみるのである。

そして、読者の意識から離れすぎない。「半歩先を行く」のである。一歩では遠すぎるし、読者とまったく同じ歩幅では新しいものは生まれない。このとき、「読者は何を求めているか？」「何に困っているか？」を考えながら、企画を練り上げていく。

◉――企画力とは構成力でもある

そしてもうひとつ。たとえば経理とか経済とか税金といったテーマの場合、類書はいくらでもある。そこにあえて乗り出すからには、「どんな経理の本か」というイメージが、しっかりできていなければならない。

たとえば「経理」や「マーケティング」の本であれば、経理・会計やマーケティングが〝どう〟わかるか――ということが、企画構成に盛り込まれていなければ、「企画」とは言えない。とくにこの種のテーマは、むずかしくも書けるし、やさしくも書ける。読者はどの程度の〝情報量〟を求めているかを、あらゆる角度から考えてほしい。

そもそも経理やマーケティングと言っても、幅広い。

先ほどの経理本。『わかりやすい経理の本』だけでは、企画どころかネタにもなっていないのである。ここがハウツー書の大切な要点だ。

どんな経理の本か――これを追求していくと、他書にはない構成、見出し、タイトル、カバーイメージ……こういったものが具体的にできていくはずだ。ここまで揃って初めて、「企画」と言える。

要するに、全体の構成を考える力である。総合的な構成力と言ってもいい。

このとき陥りやすいのが、「これまでにないタイプの経理の本を！」と気合いが入りすぎることだ。その心意気はいいのだが、「これまで出なかったのは、出しても売れなかったから」かもしれない。過去のデータを調べてみることだ。

差別化すればいい、というものではないのである。ごく当たり前の経理本が、見出しやタイトルを工夫しただけで大きく売れることもある。

とくにビジネス実務書は、「何かを得よう」と思って読者は手にとる。あまり実務内容から離れすぎたものは意外と売れないものである。かといってどこにでもあるものでは商品として差別化ができない。このあたりの〝さじ加減〟は、編集者の勘にも依存しているだろう。「こういう構成の、こういうタイトルにすれば、自ずと読者は絞られる」――そう考えるのが最も自然だと思う。

編集者の原点は「？」と「！」である。

そのひらめきを企画に練り上げる！

3「前書き」は、読者の心をつかむ場所である

◉――「前書き」に全力を注げ！

本は、一冊一冊が〝新商品〟である。前の本の編集方法が、次の本ではまったく使えないこともある。だがある程度のセオリーはある。とくにハウツー書などでは、「売れた本のいいところを真似する」ことから始まる場合も多い。

となると、ある程度のセオリーがあるはずだ。

「一概には言えないかもしれないが、こうつくるといい本になる」

それがわからないと、磁石を持たずに登山に行くようなものだ。

たとえば書籍を買うとき、どこを見て選ぶだろうか。まさか全部読むわけにはいかないから、めぼしいところを読んでみる。なかでも重要なのが「前書き」と「目次」である。

一般的に、本を買うときは「タイトル」で興味を持ち、前書きで興味を深め、目次を見て内容を確認して購入する。前書きと目次で読者の購買意欲を高めることができたら、その本はたいていレジまで持って行かれる。

とくに「前書き」。ここは、多くの人が買う前に読む。読んでどう思うか？

「なるほど、だから、このタイトルの本が書けるのか」

「この著者はそういう経験があったから、この内容が書けるのか」

「類書は多いが、この本では、こういうことが書かれているのか」

「タイトルの内容は、そういうことなのか」

……と納得するのである。

この〝納得〟がないと、内容が頭の中に入ってこない。

類書は多い。だからこそ、

「この本にはナニかあるぞ！」

「この本は、買う価値があるぞ！」

というものが必要になってくる。

少し前までは、「前書き」というと、せいぜい三ページか四ページだった。しかし本書をご覧になってもおわかりのように、私は前書きに一〇ページ以上、費やすことがある。「この本のセールスポイントは、ここですよ！」とわかりやすく強調するには、三ページや四ページでは、とても足りないからだ。テレビドラマなどでは、「来週の予告」を、いかにも思わせぶりに放映する。それによって、「次回も見よう」と視聴者の興味を引く。本の前書きも似たようなものである。

数年前『1日で感動的に声がよくなる！　歌もうまくなる!!』（すばる舎）という本の編集をお手伝いした。いわゆる「ボイストレーニング」の本である。しかし、単なるボイトレ本ではなく、「歌手」と「プロトレーナー」の共著だった。「プロトレーナー」が、体の緊張のほぐし方を書き、「プロ歌手」が声の出し方を具体的に書いていく――。

だからタイトルにも「歌もうまくなる」と謳った。

そして、三年で一〇万部近いヒット作になった。

ボイトレの本は多いが、「歌もうまくなる！」とまで言っている本はない。そもそも「姿勢をよくすれば声はよくなる」とか「丹田呼吸をすれば声はよくなる」などと言っている本は多いが、「歌」と絡めた本はなかった。

ある意味、冒険だった。そこで私は「まえがきに代えて」で、徹底的にこの本の特長を説明してもらった。少し引用は長くなるが、書き出しと最後をご紹介しておこう。

◉――前書きは薬の効能書きのようなもの

ビジネス書における「前書き」は、薬の効能書きみたいなものだ。どんなふうに面白いか、どんなふうに役に立つかが書かれていなければならない。

「この本を出版するにあたって出版社の○○氏にお世話になった」などという一文は、文芸書などの場合は意味があるかもしれないが、本から情報を得ようとしているビジネス書読者にとっては、あまり必要ないのである。

私は著者がそういう感謝の言葉を書いてきたら、たいていの場合は削除させていただく。

さて、その前書きである。重要なポイントは太字にして強調した。

あなたはまだ自分の「本当の声」を知らない
……………まえがきに代えて

書店には、「話し方」の本が所せましと並んでいます。人とのコミュニケーションに苦手意識を持っている方が多い、ということだと思います。

私も何冊か読んでみました。「なるほど！」と思うものがたくさんありました。たしかにコミュニケーションを補強するとき、「話し方」の本はとても有効だと思いました。

ただひとつ心配になることがありました。

それは、**そもそも「声」の出ない人が、「話し方」の本を読んで会話が成り立つのだろうか……？**　ということです。

素晴らしい「話し方」を身につけても、声が小さいと、相手は、あなたのことを自信がない人なのか、それとも、やる気がない人なのか……と思ってしまいます。または、はっきり声が聞こえないために、相手をイライラさせることもあるでしょう。

「話し方」の本はたいてい、会話例が書かれていますが、その事例に出てくる人たちは、そもそもしっかりと声が出ていることが前提で書かれています。

だから会話が成り立つのです。


しかし、もし蚊の鳴くような声で会話例の通りに話したら、どうでしょうか?

また、何十通りの話し方を一生懸命覚えても、話す相手が変われば、話し方のパターンは何万通りと増えます。それらすべてを覚えるのは不可能です。

私はこうした**「話し方」を変えるより、「声」自体を変えるほうが、コミュニケーションアップには効果的**だと考えます。

人は、声から、あなたの持つ誠意や本気、自信といった〝エネルギー〟を感じています。だからこそ、まずはしっかりとした声に変えること。そうすることであなたの誠実さが伝わり、相手も安心して話が聞けるようになるでしょう。


ここまでが書き出しである。そして次の文章で終わる。ページ数は一三ページになった。

この本では、歌を歌うように声を出して、話す声の発声法を身体に覚えさせます。

「自分は声もろくに出ないのに、歌を歌う必要があるの？」

と思ってしまう人もいると思います。

結論から言うと、声の悩みを解決するには、まず歌うように声を出すことが、いちばん近道なのです。

簡易な「歌うスキル」を得るだけで、声の悩みは、ほとんどなくなります。なぜなら、話すことよりも歌うほうがたくさん息を使うため、歌ううちに息の吸い方、吐き方を繰り返し行なうからです。気がつくと、正しい発声法が身についています。


（中略）


私たちの経験では、小さな声の人は消極的で、大きな声の人は積極的なことが多いものですが、それも、声と脳が密接に関係しているからです。そして、声を出すときに深い呼吸をすることで、脳にたくさんの酸素が送られ、脳と身体をつなぐ脳幹が〝お掃除〟されます。この掃除によって、〝潜在能力〟を使える脳に変わり、〝やる気スイッチ〟も入るのです。

ほとんどの人は、本来備わっている発声の能力の10分の1も使っていません。しかし、この本のメソッドを使うと、この能力がどんどん解き放たれていきます。

あなたに本来備わっている「本当の声」で話し、歌うとき、あなたの脳は爆発的な刺激を受けます。潜在能力が一気に解放されてくるでしょう。

これまでは考えられなかったようなアイデアや閃き、エネルギーが、声帯の能力を開発することで、あふれ出てきます。

「いい声ですね。聞き惚れます」
「とっても歌が上手ですね」

と言われる喜びは、なんだか自分を無条件に認めてもらえたような、本当に嬉しい言葉です。その喜びをみなさんにも味わっていただきたい。

声が変わるということは、今までの自分をリセットして、新しい自分に生まれ変わる（Re-Birth）するということです。

この発声法で、あなたの人生に、大きなインパクトが起きるでしょう。

そして、それは……今日、起きるのです！

さあ、どうだろうか。声と歌を関連づけた理由も書かれているし、「歌が上手になる」メリットも書かれている。「具体的に何が書かれているのだろう」という導入にもなっていると思う。キーワードはゴチック体にした。

私はこの前書きを整えるのに、かなりの時間を費やした。

●——重複を恐れない勇気も必要だ

次に目次とプロローグである。

私は目次にもページ数を割く。場合によっては一〇ページ以上。これだけあると、本文の見出しはほとんど網羅できる。目次を一覧しただけで、読者は内容が大まかに把握できるのである。

いいハウツー書は、前書きとプロローグが徹底してわかりやすくなっている。

しかし、編集をやった人なら誰でもわかると思うが、あるテーマについて一冊の本を構成するとき、前書きやプロローグでわかりやすくしようとすると、そこで書かれたことがどうしても1章や2章とダブってくる。

私は、「前書きは効能書と予告編」、「プロローグはダイジェスト」だと思っている。

「前書き」では、その本に何が書かれているのか、なぜこの本が書かれたのか、この本を読んでどういうことがわかるのか……ということを簡潔に書く。著者がユニークであれば、そのことも書く。「だから、この本が書けたのです」――と。

場合によってはフォントを変えてもいい。テレビ番組などでも、最初の二、三分で、「ヤマ場」を見せることがある。それと同じようなものだ。ここで引きつけておけば、少なくとも最初から他のチャンネルには行かれない。

そしてそれを受けて、「プロローグ」では、第1章以降のダイジェストのつもりで〝おいしい〟ところをまとめてしまう。

このとき、本来の書籍構成から考えると第2章以降に入りそうな内容でも、「ここを先に見せておけば読者は惹かれる」と思ったら、躊躇《ちゅうちょ》せず前書き、プロローグに入れる。

たとえば『わかりやすい経済の仕組み』というような本だとしよう。第1章あるいはプロローグは、「そもそも経済の基本的な仕組みとは？」というものになるだろう。しかしここで本当にわかってもらおうとすると、第2章以降で説明しようと思っている金融の話や産業構造の話にも触れなくてはならない。

だが、あまりここで金融や産業構造について細かく触れると、第2章以降と完全に重複する。だから普通は、本当の「前振り」だけで終わらせることが多い。

これでは「ナンだかよくわからない」ということにもなる。ケースバイケースで一概には言えないが、私は前書きやプロローグで、本来第2章以降で説明するようなことを強引に説明することが多い。そうしないと、前書きやプロローグを読んだ読者が「難解だ」と投げてしまうからだ。

当然、このやり方だと重複する。だから私はこういうとき、「前書きで簡単に触れましたが……」とか、（→P＊参照）という形でリンクを張る。

その上で、第2章以降で説明することと少しぐらいダブってもいいから、プロローグと第1章ぐらいで「基本」がわかるようにまとめあげる。つまり、プロローグと第1章あたりを読んだらだいたいわかってしまうように構成してしまうのだ。

このことは実は勇気がいる。同じことを繰り返すのは、くどいのではないかと、どうしても考えてしまうからだ。しかし、本当に重要なポイントは、前書きで言い、プロローグで言い、第1章以降で詳しく触れる――これぐらいのしつこさがあってもいい。

ただし、文章表現は微妙に変える。同じ文章が何度も出てきたのでは、いくら〝大事〟とは言っても、あまりにも芸がなさすぎる。

また、プロローグでケーススタディのようなものを持ってきて、読者の興味を引くのも常套手段である。この場合も、たとえば「相続税」の本だとすると、相続税の基本がわからない人がケーススタディを読んでわかるわけがない。だからプロローグなど冒頭に持ってくるケーススタディは、できるだけシンプルにすべきだろう。またケーススタディには「詳しくは後半の第3章の＊ページで……」などと入れておいたほうがいい。

ただし、あまりこれをやりすぎると、チラチラとうるさい本になるので、「さじ加減」はむずかしいのだが……。

ハウツー書は単なる「マニュアル」ではない。読んで楽しく、それなりに感動してほしいと思ってつくるべきだ。わかりやすく、面白いものでなければならないのである。マニュアルのような味気ない文章では、読者は途中で飽きてしまう。

その意味で、リンクを張ったり、ページ参照を入れすぎると、一歩間違うと味気ない本になる。思い切って対話方式にしてしまったり、イラストを効果的に使うなどの工夫が必要だ。そのことが、「わかりやすい！」という感動を生むのである。

4 目次のつくり方

◉——実は編集者はあまり企画書を見ない!?

膨大な企画書にせよ、簡単な企画書にせよ、残念ながら最近の編集者は企画書をあまり見ない。まして企画会議の上司などは、「その本は売れそうか」ということしか考えてない人もいる。本来、見るのはその本の「狙い」「目次」「斬新さ」なのだが、無名の著者の稚拙な企画書をすべて見ていたら、仕事が進まないのも事実だからだ。

それでもあえて私は、「編集者は企画書に目を通せ」と言いたい。一〇〇にひとつかもしれないが、「これは行ける！」というものがあるはずだ。こういう気骨と愚直さがある編集者が減ったことは、悲しいと思う。

とはいえ、それは〝タテマエ〟。書き手も、あるいは編集部内の企画会議でも、パッと見ただけで「これは行ける！」という企画書、企画案を出さないとすぐにボツになる。

ポイントは「企画主旨」「類書との違い」そして、目次と前書き。企画書段階だからラフでもいいが、前書きと目次は企画書に添えるほうがいい。前書きはその本のダイジェストとも言える。企画書とは別に添えるべきだろう。

細かい企画内容は、後からでもいい。

そして編集者が企画会議用につくる企画書にせよ、著者が編集部に持ち込む企画書にせよ、読者の立場になって練り上げていくのである。

◉——ネット書店では冒頭が読める

最近は、ネット書店（アマゾンなど）で、最初の二〇ページぐらいを読むこともできる。表見返し、前書きと目次などは、買う前に見ることができるのだ。私が、前書きと目次に全力を注ぎ込め、という根拠はそこにもある。

さらっと読んだだけで内容が把握できる目次は、「〇〇について」というものではなく、読者の疑問点にずばり問いかけるようなコピーだ。

同時に、「タイトル案」も二、三あげていくといい。編集者はそこからいろいろと想像して、本の仕上がりをイメージするのだ。

私は小見出しを二〇文字以上にすることがある。項目見出しが「〇〇とは何だろう」というものなら、小見出しだけで答えがわかるようにつくるべきだろう。たとえば——

●相続税はどうやって納めるのだろう

という見出しのあとに、

■「延納」「物納」もある

では、よくわからない。

■現金で納められないときは、繰り延べの「延納」やモノで納める「物納」も！

——としたほうがいい。これは少し長いかもしれないが、少なくとも「延納」「物納」もある、だけよりは、わかりやすい。ちなみに私は、見出しに読点を入れることもある。長い見出しを読みやすくするためには、読点なしよりはずっといいからだ。

◉——企画書も「タイトル」から入る

企画書をつくるときにも、最も大切なのは、「タイトル」である。もちろん最終決定のタイトルでなくてもいい。内容が把握でき、類書とどう違うか、販路はどういうものが考えられるか……ということがわかるタイトル。それらを「企画主旨」と一緒に提出する。ライターが編集部に持ち込むときも、編集者が上司に提出するときも、基本は同じである。

タイトルは、本に対して読者が最初に印象を描く場所だ。ここが曖昧であるということは、内容も曖昧になる。目次もぼんやりしたものになるだろう。

言いたいことを簡潔に、キーワードは強調して目次をつくる。とくにハウツー書の場合、「○○とは何か」といった見出しは、なるべく少なめにすることだ。「○○とは□□である」という見出しのほうがいい。

読者は何を知りたいか。それを少しぐらい長くなってもいいから簡潔にまとめる。ハウツー書の場合は、見出しを読んだだけで答えがわかるぐらいでなければならない。

相続と贈与の関係

といった、内容のよくわからない見出しは極力さけるべきだろう。

それともうひとつ、「この著者は何者か」がわかる企画書であるべきだろう。有名作家の場合は別だが、ビジネス書の著者は無名であることが多い。仮に無名でなくとも、たとえば弁護士なら専門分野があるはずだ。

その人にどんな個性があって、この本が書けるのはなぜなのかを、前書き、帯、著者紹介などでしつこく押し出す。たとえば「相続・贈与税」の場合、これまでどういう事案を手がけてきたのか——それを読者の気を引くように書いて行くのも、編集者の大事な仕事である。

5 編集者に必要な「文章力」とは?

◉——著者は何が言いたいかを汲み上げる

編集者は、著者の文章を「リライト」(書き直す)しなければならない。この「リライト力(文章力)」がビジネス書編集者の必須条件である。同じ文章力と言っても、ここが「文芸」の編集者と微妙に違うところだ。このことは本書の第1章37ページでも触れた。

リライトするときに陥りがちなのは、著者が言いたいことを汲み上げようとせず、編集者が考えたプロットで書き直してしまうことだ。これでは「著者の個性」が出ない。もともと個性のない、あまりやる気のない文章はそれでも仕方ないが、たいていの著者は、いくら文章家でなくとも一生懸命書いている。

そこをすくい上げるのも編集者の仕事である。

文章力がある編集者は、著者の「読みづらい原稿」を影も形もなく書き直してしまうことがある。著者がそれを了承して納得しているのであればそれでもいいが、あまりいい気持ちはしないものだ。

影も形もなくリライトするにあたっては、著者の言いたいことをしっかりと把握して、納得を得た上で行なうこと。もうひとつは、第1章でも触れたが、できるだけ著者の文体を活かしながら手を入れていくことである。

ただ基本は、「できるだけ著者の意向を汲む」「読者の役に立つかどうか」――この二点で合意点を見出していくことだろう。優先されるのはもちろん「読者」だが、著者にしても、「先生、それじゃあ売れません」だけでは承服しない。過去の類書の売上げデータを出されたりすると、さらに不満は募る。なぜその原稿が読者の目線からはずれているか、それはなぜなのか、どうすれば読者は納得するか、ということを説明できなければならない。

著者は何が言いたいのか、編集者としてどういう本をつくりたいのか――この二点を極限まですり合わせて行って初めて、「役に立つ」本が出来上がるのではないだろうか。

いいリライトができれば、著者は編集者に信頼感を抱く。原型をとどめないほど変わっていたとしても、それが著者の考えと同じであればその後の本づくりもスムーズに行く。

◉──「要するに」で、話をまとめる

私がリライトしたり、最初から文章を書くときに、いつも唱えている言葉がある。

むずかしいことをやさしく
やさしいことを深く
深いことを面白く

これは作家の井上ひさしの言葉だそうだ。まさに目から鱗だった。ビジネス書、実務書にもこの言葉はピタリと当てはまる。実際にはこのあと、

面白いことを真面目に
真面目なことを愉快に

……と続く。文化人のものだった演劇を大衆にも、と考えた井上ひさしらしい言葉だ。

むずかしいことをやさしく書くことは、比較的簡単だ。しかしそれを面白く（少なくとも飽きさせないように）読んでもらうには、文章に強弱を付けたり、興味深い例話などをうる

さくならない程度に挿入したりしなければならない。

やさしいことを深く、深いことを面白く——。これは、ビジネス書の読者はそれなりのクオリティを求めているのだよ、ということである。単に面白いだけでは、本の購入費を読者は「惜しい」と思う。

出版するからには、「ああ！　役に立った」と思ってもらわなければならないのだ。しかし専門的になりすぎてもいけない。このあたりのバランスが重要になってくる。

たとえば『面白いようにパソコンの仕組みがわかる本』を書くとする（あるいは編集リライトする）。ハードディスクやメモリ、フォルダーの話が出てくるだろう。これを、

「たとえて言うならメモリはこれこれで、ハードディスクはこれこれで、こうなって……」

と一生懸命やさしく何行も説明したところで、そもそもわからないものはどうやってもわからない。だったら、

「むずかしい話をしましたが、要するにメモリは○○と同じで、ハードディスクは△△。フォルダーは文房具のフォルダーのようなもので、中に入っている書類がファイルなのです」

と締めくくってしまう。

専門的にはこの締めは、「ちょっと厳密に言うと違うんだけどねえ」というものかもしれない。しかし、つくっているのは専門書ではない。むずかしい正確さより、やや不正確でも

基本的なところはガッチリ大づかみできるほうが「役に立つ」――というのが私の考えだ。それとこの書き方をすれば、読者は疑問やストレスを抱えたままページをめくることがなくなる。たとえむずかしい内容のことが書かれていても、「わかりやすく言うと、要するに○○ということです」と締めてあげれば、「なんだかよくわからないけど、要するに○○ということなんだな。なるほど」と納得して次に進めるものである。

●――いい意味での〝アバウトさ〟を持つ

こういうまとめ方は、ある意味で乱暴である。非論理的かもしれない。

しかし、読者は「わかりやすさ」を求めていることを、忘れてはならない。

だから、几帳面すぎる人は編集者には向かないとも思っている。物事をざっくりと説明したり、アバウトな表現をして読者を惹（引）きつけたり……ということができない。

要するに「ダイナミズム」と「遊び心」がない。

原稿に手を入れることを「整理する」とも言う。このとき、起承転結がきちんとできている整理がベストとも言えない。「整理」という言葉の対極にあるようだが、「ざっくりとまとめる」ことも、私は「整理の力」だと思っている。

系統だてて、順序だてて説明することも重要だが、大事なことは順序を無視して早めに説明するぐらいの、いい意味での強引さがあってもいい。

ただし「ざっくりと整理する」ことは、粗っぽくまとめることではない。見た目もざっくりと大まかにまとめているようだが、読んでみるとけっこうきっちりした内容が盛り込まれているハウツー書が、読者の共感を呼ぶのである。

この本は四一字詰めの一七行だ。最近は三五字一五行などという本も多い。それはそれで、ゆったり感があっていいのだが、内容まで空疎になってはいけない。見た目の読みやすさと内容の薄さは表裏一体にある。

◉――調子よく読めるかどうか!?

わかりやすくリズミカルな文章を書くことも重要である。

たとえば『経済のことがよくわかる本』を書くとする。最初の項目は「そもそも経済ってなんだろう」――これが一番すっきりする。

ここで、経済を動かしているのはお金（マネー）で、人間で言えば血液のようなものです。うんぬんかんぬん……とやってはいけない。やってもいいが、必ず（いやできるだけ）、「わかりやすく言うと、世の中のお金の動きすべてを経済と言うのです。お金のやり取りすべてが経済活動と言えます。本を買ったり食事をしたりすることも、株を売買することも、みんな経済活動の一部です」

と、こういうふうに締めくくるか、まとめてしまう。そして次の項目に移る。

「そんな乱暴な！」と思ってはいけない。話の上手な人は、たいていこの「要するにまとめ」がうまい。文章も同じなのである。

専門書には、この「要するに」が少ない。わかりやすいハウツー書との大きな違いは、そこにある。私の編集した本にはやたらと「そもそも」「要するに」が多いので、「片山のつくる本は、すぐわかる」などと言われたこともあった。

このあたりの微妙な〝テイスト〟は、正直うまく説明できない。何でもかんでも「要するに」でまとめればいいというものでもない。結局、どこまで読者と同じ目線になれるか、ということなのだが……。

それと、この作業はかなりの集中力と根気を要する。私自身、疲れてくるとこの「大ざっぱな」まとめをせずに、著者の原稿を〝国語的に〟わかりやすくするだけになることがある。これでは読者もよくわからず、読んでいてストレスがたまる。その意味では、編集者には「体力・気力」も不可欠なのである。

次の項目に移るときにも、ひと工夫が必要だ。

これまで△△△について説明してきました。これは要するに□□□ということです。
では、○○○についてはどうなるでしょうか。

こういう、ある意味でお約束かもしれないが、心地よいリズムを体得してほしい。もちろんこれも、多用しすぎてはいけない。
また文章のリズムも重要になる。

「ここまでのところは、おわかりになりましたね」
「どうですか、簡単ですね」

といった文言を使うことで一生懸命文章をやさしくしようとしている編集者がいた。その姿勢はいいのだが、書かれていることが難解なままで、「わかりましたね」と言われても「わからないよ」と答えるしかないし、「簡単ですね」と念を押されても「簡単じゃないよ」と突っ込みを入れたくなる。まず、「地」の文章をわかりやすく平明にする——それがあってこそ、リズミカルな文章展開も活きてくる。

6 文章をわかりやすくする、ということ

◉――「いい文章」は時代とともに変わる

文章は生き物である。たとえば新人ビジネスマンが主な対象の書籍なら、あまり型どおりのしっかりした文章は不向きである。かといって、チャラチャラした文章も軽すぎて内容がなく感じられる。

文字量は、ブログのように行あけばかりの本も少なくない。（笑）まで入っているものもある。個人的には、そこまでやるのはどうかと思うのだが、読者がそういう〝スカスカ本〟を求めているなら、全否定してはいけない。

しかしそういう本にすると、必然的に内容も薄くなる。編集者は読者に寄り添わなければならないが、ある意味で読者を育てる役目もある。軽い本ばかりつくっていると、そのうち

しっかりした本が売れなくなる。編集者自身、自分で自分の首を絞めているのだ。

また、時代が移れば文体も変わる。私は、編集者は読書家でなければならないと信じている。ビジネス書に限らずさまざまな文章を読むことで、「いま読者に受ける文章はどのようなものか」を肌で感じるのである。


かつては名ライターだった人が、〝古い〟文章を書いて、若い編集者を困らせることがある。「ところがさにあらず」「そそくさと」「おっとどっこい」「○○のゆえんです」「ガッチリ儲けるのです」……こういう手垢のついた単語が入ってくるだけで、どんな文章も急に勢いがなくなるし、まして読者対象が若者なら違和感を覚えられるだろう。

ある編集者で、著者の文章を書き直すとき、「対話形式」の文章を使った人がいた。テーマは若い層に向けての、コミュニケーション術である。対話にすること自体は狙い通りだからいいだろう。しかし、まるでおじいさんとおばあさんの会話のように、

「ほほう。ところで何かい？　それは使う人がたまげるような代物なのかね」

「ええそうよ。私だってびっくりしたわよ」

というような感じの文章にしてしまい、その本の売れ行きは伸びなかったと言う。

編集者の賞味期限は意外と短い。

だからこそ若い人の文章を巧みに取り入れて、読者が納得する、その編集者ならでは、の文章をつくってほしい。「若い人」と言っても、四〇歳以下ぐらいを意識してはいけない。今の六〇歳は充分に若く元気である。ネットの言葉も知っているだろうから、文章や会話文の古っぽさはすぐに感じる。

一〇年前の六〇歳ではないのだ。いま中高年向けの本が多く出版されているが、売れているものはほとんど例外なく、まるで若者向けの本のような文章である。

◉――改行するときのポイントは？

わかりやすい文章について、もう少し触れてみたい。

まず、センテンスはあまり長くしないこと。短すぎてもいけないが、英文の訳のように、ある言葉が何にかかるかわからないようではいけない。

たとえば次のような文章は、ハウツー書には不向きである。

紆余曲折はあったが集団的自衛権の閣議決定では、自民・公明の水面下での駆け引きの結果、自民党の考えていたものとほぼ同じ内容で帰結し、今後に曖昧な課題を残すことにもなる、実際の有事にあたって具体的にどこまで関与するか、不明確

・不明瞭な内容になった。

このような長い文章は思い切って途中で切ってしまい、「そして」「しかし」「また」などでつなげるほうが、読者のストレスはたまらない。

右の文章であれば、たとえば次のようになるだろうか。

集団的自衛権の閣議決定では、自民・公明の水面下での駆け引きの結果、自民党の考えていたものとほぼ同じ内容で帰結した。しかしこのことは、今後に曖昧な課題を残すことになったとも言える。たとえば有事にあたって具体的にどこまで関与するか、はっきりしない内容になったのである。

文章としての格調は前者のほうが高いかもしれないが「わかりやすさ」だけ取れば、後者のほうがベターだろう。

また、ひとつの段落にセンテンスは三つ以内を目安にする。ただし最近、センテンスごとに改行してしまう、○谷某氏のような本もあるが、一部のジャンル以外あれはやめたほうがいいだろう。

私は改行するとき、できるだけ行末から五字以上は空ける。四〇字詰めで三九字まで文章があって改行しても、びっしり詰まったイメージは拭えないからだ。やむを得ず行末まで文章が来た場合は、次行を空けるようにしている。また、ときどき「行あけ」をつくる。本書は一ページ一七行だが、実質的には一五行ほどしかない。

もちろん、小説などで何ページも改行がない本もある。しかし「わかりやすい実務書」を目指すなら、見た目の〝ゆったり感〟は不可欠だ。読者が書店でパラパラとめくったときの感覚を大切にしてほしい。

こういうことは、文章の書き方と言うより「エディトリアル・デザイン」の範疇に入るが、まとめて覚えてもらったほうがいいだろう。また、行頭に一文字か二文字で改行してしまうのも、やや見た目に美しくはない。最低でも数文字はあって、それで改行するように工夫してもらいたい。

そしてひとつの段落のなかには、あまり多くのセンテンスを入れないこと。最もリズムがいいのは三つだと言われるが、すべてを三つにすることはないだろう。大切なのは、センテンスの数ではなく、リズムなのである。二つでも四つでもいい。ただし、一段落が五行以上になるのは、できるだけ避けたほうがいい。

ただ、こういういわば〝ミクロ〟の気配りは、第二、第三の気配りである。最も大事なのは「ひらめき」「企画力」であり、エディトリアル・デザインで言うなら、見出しの扱いでもある。どこに力を注ぐかと言うなら、見出しの大きさやフォントにこだわってほしい。

◉――正確無比な文章は、法律の条文のようなものだ

表現をやさしくするにも工夫が必要だ。

売れるお店の店構えや広告には、それぞれ明確なアイデンティティの存在があるのです。

こういう表現の文章があったとしよう。これは、

売れるお店の店構えや広告には、それぞれはっきりしたアイデンティティが感じられます。つまりうちの店はこういう店ですよ！　という〝主張〟のようなものがあるのです。

せめてこれぐらいは、言葉を開こう。そうすることで、原稿はどんどん読者に近づいていく。意味がわかるから、ということでむずかしい単語をそのままにしておくと、「意味はわ

かるけどとっつきにくい本」になる。

先の例で言うと、「はっきりしたアイデンティティが感じられます」までは誰でもできると思う。大事なのはそのあとだ。「アイデンティティ」という曖昧な概念をそのままにしておくと、読者のストレスは増すばかりである。


くどくならない程度に、「意味」を開いてあげるのも必要になるのである。


この単語は解説し、この単語はスルーする……このさじ加減は、正直なところ私も本当にはわかっていない。さじ加減がピタリと合った本が読者に支持され、さじ加減が合ってない本は店頭でピクともしないのだろう。

ビジネス書の著者のなかには、「あまり概略中心でカンタンに書くと〝同業者〟に突っ込まれるのではないか」と考えて、正確な法律条文などをきっちり書いてきたり、それこそ「正確無比」な表現で書いてくる人もいる。読者ではなく、仲間の会計士やコンサルタントを気にしているのだ。

編集者はここで、はっきりと「先生、これでは読者はわかりません」と伝えなければならない。おそらく一部の著者は、「正確に言わないとよくない」などと言ってくると思う。それはそれでもっともである。しかしここで著者に振り回されてはいけない。

ビジネス書編集者の仕事は、著者の専門知識をやわらかく平易な表現にすることでもある。そのためには、著者とやり合うことも必要だ。ただしこのとき、編集者もそれなりの「知識」を持っていることも重要になる。

そうしないと著者への指摘も的外れになる。

「わかりやすい文章の書き方」については、何冊も本が出ている。新聞社系のマニュアルもある。ただしこれらをそのまま真似てはいけない。とくにハウツー書には、ある意味で「定型的ではない」文章が望ましいこともあるからだ。

あえてひと言で言うなら、「次の行を読みたくなる文章」「わかりにくい用語があまり含まれてない文章」「一つのセンテンスが長すぎない文章」――ということになるだろうか。

7「わかりやすくする」ということの条件は？

◉——「徹頭徹尾、わかりやすくする」必要はない!?

目先を変えてみたい。

「どんな場合でも徹底的にわかりやすくする」必要はない、ということである。

もちろんこれも、ケースバイケースで、徹底的にわかりやすくするほうがベターなことも多い。これも〝さじ加減〟としか表現できない。

「さっきから〝さじ加減〟ばかりで、具体性に欠けるじゃないか」

とお叱りを受けそうだが、具体的に説明できる編集技術など少ないものである。

わかりやすい本をつくるからと言って、専門的な部分を完全になくしてしまうと、結局なんだかわからなくなる。大事なのは、読者に「なるほど、要するにそういうことなんだな」

と思ってもらうことである。そのためには細部に目をつぶってもいい。

だから私は、大切な箇所は何度も繰り返して説明する。しかし、あまり重要でないところは、あえてむずかしいままにしておくこともある。その代わりそこには、「ここは専門的な箇所なので、無理に覚える必要はないが……」といった文章を入れたりする。

あるいは、どうしてもむずかしい表現になってしまうような場合は、その項目そのものを説明しない。そもそもそういう難解な項目は、入門書の本筋からやや離れていることが多いからである。

最初から説明されなければ、読者は「そういうものだ」と思う。しかしなまじ「さわり」だけ説明したりすると、「え、他にもまだあるの……?」と不安になって、もっと知りたくなる。しかし実際にはさわりだけだから、かえってわからなくなり、読者のストレスも増す……という悪循環になるわけだ。


入門書ではできるだけ項目を削ぎ落とす。そしてできるだけ情報量も減らす。——これがポイントである。もちろん、重要ポイントまで削ぎ落としては意味がないが、それほど重要ではないポイントは思い切って説明しない。

あるいは、プロローグやエピローグに、たとえば『原価がわかる本』であれば、「あなたのコスト感覚をチェックする○○のチェックリスト」などを入れたりする。実際にはあまり実務に役立たない、いわば子供だましのようなものなのだが、全体を俯瞰する意味でもこういう「仕掛け」は、あってもマイナスにはならない。

●――最後に少し重厚な内容と「後書き」を入れる

全部、平易にする必要はない、という意味では、全体の構成もそうである。たとえば二四〇ページの本であれば、最後のほう、二三〇ページぐらいから一〇ページほど、あえてちょっとむずかしい項目を入れておく――というやり方もある。

こうすると、読者は書店で立ち読みしただけではよくわからない。しかしプロローグや1章の概論のところはメチャメチャよくわかる。だったら買って帰って、最後まで読もう――ということになる。

この「リズム」が大事なのだ。

そもそもハウツー書の読者は「そのことを学ぼう」「何か得よう」と思って購入する。読むことで心地よい時間を得ようと思って買う文芸書とは基本的に違う。

だからこそ、「わかりやすさ」と、ある種の「歯ごたえ」が必要になってくるのである。

歯ごたえという意味では、すべての実務書に通じるわけではないが、「索引」を付けてあげるのもいい。見せ方によっては専門書っぽくなるので気をつけなければならないが、簡単な用語解説とセットで、主要用語索引を巻末に載せるだけで、ちょっとした「お得感」が出るものだ。

つまり、単なる用語索引ではなく、本文で説明しきれなかった用語を短く解説するのである。他にも、「略語」事典などを入れてもいいだろう。

索引は作成に手間がかかるので編集者はどうしても嫌がる。しかし最近のワープロソフトはたいていが「索引作成機能」がついている。これを利用しない手はない。

また、最近私は、短い「後書き（おわりに）」を入れることが増えた。本文が論理的なら、多少情緒的でもいい。また、著者の思い出話でもいい。文庫本にはほとんど「後書き」がついているが、この巧拙で読者が買ってくれるかどうか決めることも多い。

ただし、「後書き」でネタバレをしてはいけない。「前書き」とは違った意味で、「読んでみようか……」と思わせる要素を入れたいものだ。

8 コピーライティング力が不可欠になってきた

◉――編集者はコピーライターでもある

編集者に必要な条件のうち「企画力」「文章力」あたりまで説明した。ここからは「タイトルコピー」なども含めた文章力について触れてみたい。

まず、書籍をパッケージとして考えてほしい。それには、〝見た目〟も重要だ。

書店に山積みされた書籍の中から、「お!」と目を引く本を選んでもらうには、秀逸なタイトルと、優れたページデザインが重要になる。カバーデザインも大切だ。

さらに、パラパラと見たときの見出しにインパクトがあるか……。

広告でも、売れるコピーと売れないコピーがあるように、本にも「売れるタイトルと売れないタイトル」がある。原則はないのだが、要は読者に「そうなんだよなあ!」「そうか!」と思ってもらえなければならない。

たとえばビジネス書が生まれつつあった頃は、

『○○がわかる本』

というものが多かった。それまで、『序説・会計学』といったタイトルの本ばかりだったところへ、普通のビジネスマンでも理解できるような経理や簿記の入門書をつくったのである。『入門○○がわかる本』で、充分目を引いた。もともと「本」なのに、『……の本』というタイトルを付けること自体が目新しかった時代だ。

これが一九七〇年代。

それからしばらくして、主に中経出版などから、「ラクラク」「スラスラ」「どんどん」といったオノマトペ(擬態語)を使った本が出始めた。坪内寿夫が佐世保重工の再建に乗り出したときは、『佐世保重工業に〝再建〟の鬼が来た!』と、かなりショッキングなタイトルの本が出た。要するに、スポーツ新聞のノリを持ち込んだのだ。

しかしこういう暑苦しいタイトルは、さすがに読者も飽きてくる。それに、こういうタイトルを使うとどうしてもカバーデザインも暖色系の暑苦しいものになりがちだ。この世界には、「困ったときは金赤」というセオリーもあった。「金赤」とは、黄(イエロー)と赤(マゼンタ）を同量混ぜた、鮮烈な赤色のことである。どの色にするか迷ったときは、金赤にすれば大きな〝外れ〟にはならない——ということである。

それはそれで読者に強いイメージを与えるだろうが、くどいと逆効果になる。今は、金赤はワンポイント——キャッチコピーあたりにとどめておくほうがスマートである。

事実、二〇〇〇年ぐらいから、あっけないほどシンプルなタイトルが増えてきた。これは明らかに反動だろう。その代わり、帯に〝これでもか！〟というほど情報を詰め込む。『これだけは知っておきたい「マーケティング」の基本と常識』（フォレスト出版　二〇〇三年）は、カバーもあっさりしている。タイトルは明るいブルーだ。しかし帯に「これぞ〝ベーシック〟　初めてでも大丈夫！　売れるしくみが見えてくる！」と、メインタイトル以上に目立つぐらいのコピーを持ってきた。

この前後あたりから、「タイトルはシンプル、帯は情報量いっぱい」という本が増えたように思う。そして、一時期は、「なぜ○○は△△なのか」というタイトルも書店の平台を席巻した。『さおだけ屋はなぜ潰れないのか？　身近な疑問からはじめる会計学』（光文社新書　二〇〇五年）、『なぜ社長のベンツは4ドアなのか』（フォレスト出版　二〇〇六年）などである。いずれも、タイトルだけでは何の本かわからない。そこをサブタイトルや帯でフォローしている。

そして今は、「3分」「9割」「15分」……といったコピーであふれかえっている。「1分」というものまである。ものごとが3分でわかるはずもないし、何かのポイントを押さえれば全体の9割がわかるわけもないのだが、「これを押さえれば会話の9割は進む!」などと言われると、ついフラフラと買ってしまうのが読者心理というものだ。

◉——読者心理を、どうつかむか?

『伝え方が9割』(ダイヤモンド社　二〇一三年)は、五〇万部を超える大ヒットになった。『たった5分間で9割の腰痛がよくなる本』(講談社　二〇一四年)、など、今ネットで「9割」で検索すると、一〇〇冊ぐらいの本が出てくるだろう。この〝走り〟になったのが、『3分以内に話はまとめなさい』(かんき出版　二〇〇三年)、『誰とでも15分以上会話がとぎれない! 話し方66のルール』(すばる舎　二〇〇九年)あたりではないかと思う。

その意味で、編集者は「タイトル」を付けるのに〝命懸け〟にならなければならない。ここで売れたタイトルをあげたりはしないが、編集者なら毎日のように書店に行って、コピーライティング力を養ってしかるべきだろう。

二〇〇九年にダイヤモンド社から出た、『もし高校野球の女子マネージャーがドラッカーの「マネジメント」を読んだら』は、公称一〇〇万部以上という大ヒットになったが、これなどはタイトルと言うより、企画の切り口で売れた部類だろう。五〇万部も売れたら一種の

〝社会現象〟になり、すぐにミリオンセラーに手が届く。そしてこのあと、コミックスとビジネス書をドッキングさせた本が、一気に増えた――。

一〇〇万部以上というベストセラーは、ひとつのムーブメントを起こす。それまでのビジネス書のスタイルを一変させる〝事件〟でもあるのだ。

著者としても出版社としても、数千万円、数億円……という経済効果がある。

ただし、一〇〇万部売れたからと単純に喜んではいけない。いつか売上げが止まり、書店にあった「社外在庫」が返品されてくる。一〇〇万部売れたということは、一〇〇万部印刷したということでしかないのだ。実売部数はもっとずっと少ない。

●――読者にもいろいろなタイプがある!?

改めて、「読者を惹(引)きつけるコピー」について、考えてみたい。読者は魅力ある、インパクトのあるタイトルに、まず惹きつけられるものである。

もちろん読者と言っても、いろいろいる。

マスコミ界も無用な自主規制が多いが、「盲目千人、目明き千人」ということわざがある。世の中にはものごとをわかっている人もそうでない人もいるものだ、ということである。

誤解を恐れずに言うと、ある意味で入門書というのは、「わかってない人」「だけど勉強したい人」への本である。専門家向けではない。

まずここのところをよく理解しなければならない。

その意味で、読者の購買意欲を煽るようなコピーを考えたい。

たとえて言うなら、一般の新聞よりもスポーツ紙の見出しである。

そういうふうに考えると、平板なコピーは出てこない。もしいくらやっても、つまらないコピーしか思い浮かばないのであれば、その編集者は勉強不足かセンスがないか、その企画自体がつまらないのである。

見出しも含め、編集者の善し悪しはこのコピーセンスで大きく左右される。そしてこの「フックの効かせ方」は時々刻々と変わっているのである。

今、「らくらく」とか「スラスラ」といったタイトルや見出しを付ける編集者は、まずいないだろう。それらはすでに〝過去〟のものでもある。しかし何年か後、再びそういうタイトルの本が売れることもあるかもしれない。

時代は巡っているのである。

実はかつて、『メモの技術——頭より先に手が動く』（すばる舎）という本を編集した。その『メモの技術』が二万部を突破し、韓国版が出た。すると著者の坂戸さんは、すぐに自前のパンフレットをつくった。

これには思わずのけぞってしまった。「アジア戦略第一号か……」。残念ながら〝現物〟ではないが、おおよそ次のようなものである。

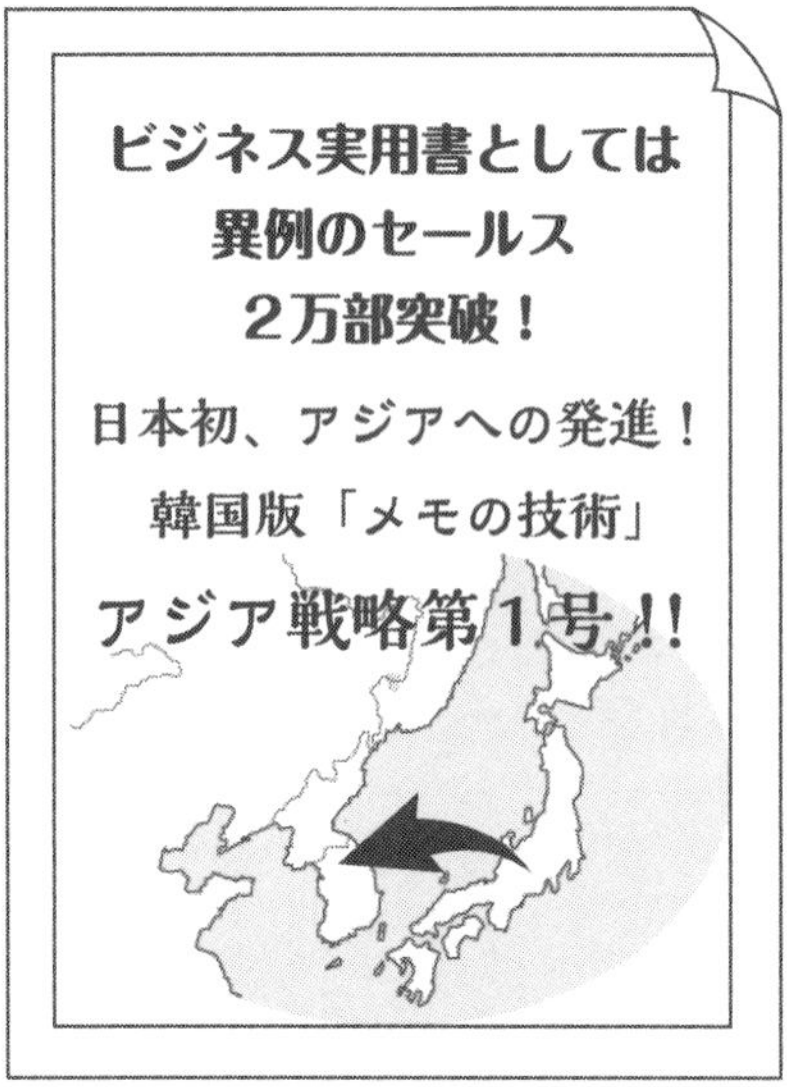
ビジネス実用書としては
異例のセールス
２万部突破！
日本初、アジアへの発進！
韓国版「メモの技術」
アジア戦略第１号!!

しかし冷静に考えてみると、決して間違いではない。大げさに言うか普通に言うかで、こんなに違う、という見本である。

そして読者はこういう言葉に惹かれる。編集者はそのへんを忘れてはいけない。

その一方で、実態はどうかということをちゃんと知っている読者もいる。だから読者をバカにしてはいけない。

まさに、「盲目千人、目明き千人」。どちらも読者なのだ。

私は四〇年近く編集者として生きてきたが、いわば「チャラい」読者がビジネス書に群がった時代と、「なんだ、看板倒れか」と堅実な読者が去っていった時代と、両方を知っている。おそらくこれからも、こういう〝波〟は何年か周期で続くだろう。今は、去っていきつつある時代だ。

「チャラい」読者が去っていった理由は二つある。

ひとつは、もともと本を読む習慣がなかった人が群がったこと。ひとつは、あまり売れるので編集者が手を抜いてしまったことだ。後者だけは、今後、繰り返してはならない。

なお付け加えておくが、韓国版『メモの技術』は韓国では、総合でベストテンに入るベストセラーになったそうである。まさに「アジア戦略」だ。

9　エディトリアル・デザインの必要性

◉──カバーも本文も洒落たデザインを目指す

ビジネス書が芸術品ではなく商品である以上、最も目につく表紙カバーをおろそかにしてはならない。最近は「ジャケ買い」と言って、カバーの美しさで購入する人も増えているようだ。その点で私は、ブックデザイナー、装幀家への報酬は「買い切り」ではなく、わずかでも印税（著作権）に該当する金額を支払うべきだと思っている。一〇万部を超えたら報酬、というのでもいい。

それはともあれ──。

カバーデザインは装幀家の人がやるとはいえ、どういうカバーにしたいかを伝えるのは編集者の仕事だ。伝え方がまずいと、上がってくるデザインもまずくなる。本の内容を一番よくわかっているのは、編集者である。ブックデザイナーほどプロでなくてもいい。編集者には編集者のデザインセンスがなければならない。

その意味で、前書きに力を注ぐのと同様に、カバーデザインはしつこいぐらいに考え抜いてほしい。本文の原稿整理をするのと同じぐらいの力を注いでいい。

かといって、装幀家顔負けのラフをつくる人がいる。これでは装幀家、ブックデザイナーのモチベーションは下がりまくりだ。プロにはプロのプライドがあることを知っておかないと、編集者は思わぬしっぺ返しを食う。

それらすべてを含めた「エディトリアル・デザイン」が必要なのである。

●──いいデザインの本は売れるが、それがすべてではない

エディトリアル・デザインの定義というか、編集者が知っておくべき範囲は曖昧だ。

私が若い頃は、書体などの大きさをあらわす単位として「ポイント」、それから写植になって「級数」を教え込まれた。だが今の若い編集者は、級数を知らない人も多い。私は最初、「最近の編集者は基本を知らない」と思っていたが、実際DTPの時代になると級数など知らなくても何とかなってしまうのも事実だ。

いい本だなあ……と思った本をDTPオペレーターに渡し、「こんなふうに仕上げてほし

い」と言ったほうが、下手に指定をされるよりずっといい仕上がりになるのである。細かいところに力を注ぎ始めると、〝見た目〟ばかり気にする編集者になっていく。

もちろん一冊の本を見たとき、「美しい組版だなあ」と考えることは、いいことだ。たとえば章扉などで一行のコピーを縦に置く場合、無造作に「左右中央」とする人が多いが、製本のときのことを考えるとノドはくわえ込まれるので、左右中央より三ミリほど小口寄りにしないと、仕上がりのときに左右中央にならない。

このようなことは、とくに詩集や句集をつくる場合、意外と仕上がりに影響する。「いいタイトルと企画だなあ」「何かが伝わってくる見出しだなあ」と感じるのと同じぐらい、そういう細部にこだわってもいいと思う。このこだわりには、コストがかからない。


DTPの時代になったとはいえ、最低限、級数ぐらいは知っておいてほしい。それは、デザイナーやオペレーターとの「共通言語」でもあるからだ。

「ここのところ、もう少し大きく。細い書体で」

と言うのではなく、

「今は一六級だと思うけど二〇級ぐらいに上げて、書体も今は新ゴLだと思うけど、新ゴBまで太くして下さい」

といったリクエストの仕方のほうが、お互いにストレスはなくなる。また多くの書体のなかで、自分好みの書体、その本に最もふさわしい書体を選べるのも、編集者の〝足腰〟を強くする。カバーなどの色も、赤＝マゼンタ、黄＝イエロー、青＝シアン、黒＝ブラック——といった四色の名前ぐらいは、知っておいてマイナスにはならないはずだ。

もちろんそれらは、本づくりにおいて不可欠の知識ではない。しかし相撲の四股のようなもので、「編集力」の基礎を強くするのである。

◉——いま受けるデザイン、タイトル、カバーは何か？

タイトルネーミングは「これなら絶対当たる！」という法則はない。多くの編集者が知恵を絞って、読者が興味をそそるようなタイトルを考える。それは前述のように、時代とともに変化していく。

読者は何を求めているか。いま受けるデザインは、どういうものか……。文字だけで充分に伝えられると思っている編集者ほど、それを考えないのではないだろうか。

もちろん、デザインだけで売れる本は少ない。しかし逆に、カバーデザインの失敗で売れなかった本は山ほどある。その証拠に、新刊時あまり売れなかった本のカバーを変えて「新装改訂版」などとするだけで大売れすることもあるのだ。

本文デザインも同様である。無味乾燥なページデザインでは、買う気は削がれる。

「洒落《しゃれ》たデザインだなあ」

そう思わせることは、そんなにむずかしくはない。「いいデザイン」と思う本を参考にすればいいし、イザとなったらデザイナーにフォーマットをつくってもらってもいい。ただし私は、自分がつくる本の本文組は原則として自分で考える。書体も、見出しのイメージも原則としては自分で決めることが多い。自分が編集する本の仕上がり（ゴール）は、あらかじめ自分でイメージしておきたいのだ。

また、最近は文中のキーワード、キーセンテンスをゴチックにするのは当たり前になっている。しかし、普通は小見出しもゴチックである。小見出しの隣りがゴチックのキーワード、ということは、できるだけ避けたほうがいい。

◉――書籍のデザインは「パッケージ」で考える

なおハウツー書の場合、「背」のデザインも重要だ。ハウツー書はいつまでも平台に置かれるジャンルではなく、よほど売れているもの以外は、新刊期間が終わったら「棚」に一、二冊残される（営業力のない出版社、新刊重視・棚回転軽視の出版社の場合は、売れ残った新刊はすべて返品されて棚に残らないが……）。

あの小さなスペースで読者を惹きつけるにはどうするか――これを考えてほしい。

極論を言えば、場合によっては表1（表表紙《おもて》）と背は違う書体を使ってもかまわないと私は思っている。たしかにデザイン的には表1、背、表4（裏《うら》表紙）、ソデ（折り返し部分）の統一感がとれているほうがいいだろう。しかし、読者は本を買うときに表1、表4、背表紙を広げて見るだろうか。

このあたりは、柔軟に考えてもいいと思う。

ついでに言うと、ハウツー書の場合、ある程度のシリーズ化を視野に入れてデザインを考えてもいい。たとえば「決算書」「経理」「経営分析」「簿記」……といった本はだいたい同じ棚に並ぶ。そのときバラバラだったら、その出版社としての統一感にやや欠ける。

表1に関しては、まったく同じにする必要はない。表1は平台での訴求力を優先させて考えるべきだろう。ただこのときも、「なんとなく似ている」「なんとなく同じジャンルの本らしい」といった「緩やかなくくり」はほしい。

新書のように全部同じ顔というふうにする必要はないが、たとえば自社の経理、決算書関係の本は、なんとなく同じ雰囲気を持っている——というぐらいの緩やかな統一感はあってもいいのではないだろうか。

このとき、表1だけでなく、表4、背、ソデなども一緒に考える。つまり本全体を「パッケージデザイン」として考えるべきなのである。

読者が表紙とともに、必ず見る場所はどこだろう。それは、定価、バーコードのある表4である。ここに何も入れないのは、いかにももったいない。サブタイトルに負けず劣らずのコピーを入れてもいい。

私は、このアイデアを考えた編集者をよく知っている。まだ四〇歳台だが、このアイデアを考えて私に話したときは二〇歳台だったかもしれない。

彼は私の何倍もコピーセンスがある編集者で、表1の帯にぎっしりコピーを入れて、

「詳しくは裏で↓」

とやったのも彼である。まさに天才的なアイデアマンだ。今ではどこの出版社でもやっていることだが、業界で最初にやったのは、私の知る限り彼のはずである。

今では当然になっている〝ルール〟も、最初に考えついた編集者がいるはずだ。私たち編集者は、そのことを決して忘れてはいけないと思う。そしてその上で、自分独自のアイデアを出していくのである。

◉──著者紹介に何を書くか?

また、細かいことだが帯の表4に、本文目次を持ってくる編集者がいる。よほど魅力的な目次ならかまわないだろうが、目次は読者が手に取ったときに、必ずと言っていいほどパラ

パラと見る。となると、表4の目次は〝蛇足〟ということになる。

ここも、魅力的な惹句を持ってきたい。


また、さらに細かいことだが裏見返しに「著者略歴」を持ってくることも普通に行なわれる。著者略歴は、たいてい、奥付の上に入っているものである。これを繰り返すことはない。

私は、『知りたい人がすぐわかる　株のはじめの入門書』（すばる舎　二〇〇二年）を編集したとき、裏見返しの中央に、

まだ躊躇していますか？

と、太い活字で一行だけ入れた。

余談かもしれないが、私は「著者略歴」ではなく「著者紹介」にする。略歴だといろいろ書けないが、〝紹介〟にすると、出版社が著者を紹介するわけだから、単に略歴だけではなく、「この著者は、こういうスキルに優れていてビジネスマンの評価も非常に高い。信奉者も多い」などと書けるのである。

10 ビジネス書における「図解本」のつくり方

◉——図があれば本当に「わかりやすい」のか？

ビジネス書（実務書・実用書）は、図解がないと売れないとさえ言われる。しかし本当にそうだろうか。わかりづらい図、専門的な図、文字がゴチャゴチャ入った図……。そんな図ばかりの本なら、読者は本文をじっくり読まされたほうがいいはずなのだ。

図解に関しては、私はちょっとうるさい。決して絵は上手ではないが、わかりやすいビジネス書を目指してつくってきたため、編集するとき本文以上に図解に気持ちを入れる。

ビジネス書は図だらけだ。二二〇ページの本なら、多いものなら一〇〇点近く——つまり見開きに一つ図がある。当然それらの本は「図解」と謳われている。「図解」と書かれていないものでも、四ページに一つ、六ページに一つぐらいの割合で図が入るのが今では常識でさえある。

ここに落とし穴がある。一部の編集者は、図が入る↓見やすい↓わかりやすい……と思っているから、「図を入れればいい」としか考えない。「よりわかりやすい図をつくるにはどうすればいいか」と考えないのだ。

あるいは逆に図に多くの情報を入れようとする。だからいろんな言葉がゴチャゴチャ入って、それらが矢印や線で結ばれて、書体を変えたりして、「いかにもなんとかチャート」という図をつくる（192ページの図）。


しかしそういう図は図解というより無駄に情報量の多い「表」のようなもので、パッと見ただけではわからない。「図解」と「図表」は、微妙に違うのである。

これで本文がわかりやすければまだ救いはあるのだが、本文がそこそこむずかしくて、それをカバーする意味で図を持ってきているから、ますますわからない。本文で言い切れなかったことを表にしても、よけいにわからなくなるだけだ。

まして、法律や税金や年金といった種類の本は条文や条例もあり、もともと本文もやや難解だから、せめて図ぐらいはわかりやすいものにしたい。少なくとも「図解しよう」という意図のある図は、パッと見て（五秒ぐらいだろう）大体わかるようなものでなければいけないだろう。つまり、図は〝ざっくり〟つくるように心がけたほうがいいのである。

◉——図の〝情報量〟は多すぎてはいけない

図解づくりのポイントは、

① 情報量を多くしない

② 言葉を複雑に矢印や線で結ばない

③ できれば図表の最後に「まとめ」か「ポイント」を入れる

ざっとこの三つである。

他にもあるかもしれないが、読者対象によっても違うので、私にも「こうだ!」とは言えない。現に税金などの本は細かい「税率表」は欠かせない。

とはいえ、図解本の図は、基本的には「仕組みがわかる」図にしなければならない。複雑に入り組んでいる内容を、「このときはこうなる」的な仕組み図にするためのポイントが、この三つでもあるのだ。

①は、「スペース」を考えようということである。

普通の四六判の書籍の場合、しょせん一ページの印刷スペースは「一四五ミリ/九五ミリ」が上限である。新書だともっと小さくなる。この中に四つも五つもの情報を入れると、読者はどれがポイントかわからなくなる。字も小さくなって読みづらいだろう。

たとえば『売れる店づくり』という本だとしよう。そこに「入りやすい店とは？」という項目があったとする。当然、文章では接客のポイントや心構えが述べられる。このポイントや心構えが15ある場合、この15のポイントを何の工夫もなく天地一四五ミリ／左右九五ミリの中に押し込むと、図解ではなく「表」になる。それはそれでいい場合もあるのだが、そういう「羅列図」を入れざるを得なかった場合は、書体やメリハリを考える。

つまり、「表」ではなく「絵」のようにして、さらに、「とくに大事なのはこれ！」というような見せ方をするのである。

一九〇ページと一九一ページに、いい例と悪い例をあげてみた。参考にしてほしい。ただし数十点の図のすべて、情報量を少なくすると全体に内容がなく見える。情報量の少ない図を数点続けたら、あえて文字ぎっしりの図を一点挟むリズミカルさと余裕があってもいい。そもそも税率表など、どうしても「図」にはならないものだ。

こういう表は文字が多くてもいいから内容本位で入れ、そのあとのページに緩やかなざっくりした図を入れるといい。本全体がリズミカルで充実して見えるはずだ。

◉——電気の配線図のような図表ではわからない

②の、「言葉を複雑に矢印や線で結ばない」については、このあと一九二ページから例をあげてみよう。

図10　入りやすいお店にするポイントは？

・店内の見通しを良くする
・入店客と直接視線が合わない対面コーナーにする
・周辺の店より照明を明るくする
・出入り口ドアの位置を少しセットバック（下げる）させると、お客は入りやすくなる
・ディスプレイの照明は常に明るくしておく
・入り口正面を魅力的なディスプレイにすると入店率が上がる
・車の交通量が多い立地では業種がすぐにわかる看板にする
・季節のいい時期はドアを開けたままにしておく
・店頭ワゴンでお客を引き寄せてから入店させる
・店頭に「お気軽にお入り下さい」などのPOPを表示する
・店頭ワゴンは並べすぎると、逆に入りにくくなる
・出入り口はいつも整理整頓して、入りやすくする
・出入り口に空き箱など商品以外のものを置かない
・出入り口が目玉商品の陳列で客だまりにならないようにする
・出入り口の位置を適切にする

入りやすいお店にするポイントは？

- 店内の見通しを良くする
- 入店客と直接視線が合わない対面コーナーにする
- 周辺の店より照明を明るくする
- 出入り口ドアの位置を少し下げるとお客は入りやすくなる

出入り口を下げることを「セットバック」という

- ディスプレイの照明は常に明るくしておく
- 入り口正面を魅力的なディスプレイにすると入店率が上がる
- 車の交通量が多い立地では業種がすぐにわかる看板にする
- 季節のいい時期はドアを開けたままにしておく
- 店頭ワゴンでお客を引き寄せてから入店させる
- 店頭に「お気軽にお入り下さい」などのPOPを表示する
- 店頭ワゴンは並べすぎると、逆に入りにくくなる
- 出入り口はいつも整理整頓して、入りやすくする
- 出入り口に空き箱など商品以外のものを置かない
- 出入り口が目玉商品の陳列で客だまりにならないようにする
- 出入り口の位置を適切にする

出入り口は、基本的に通行量の多い側に！
たとえば駅側に向ける

Point

ポイントは出入り口を整理整頓しておくこと！
雑多な出入り口では、お客はなかなか入りづらい

■セミナー・会合でのメモの取り方

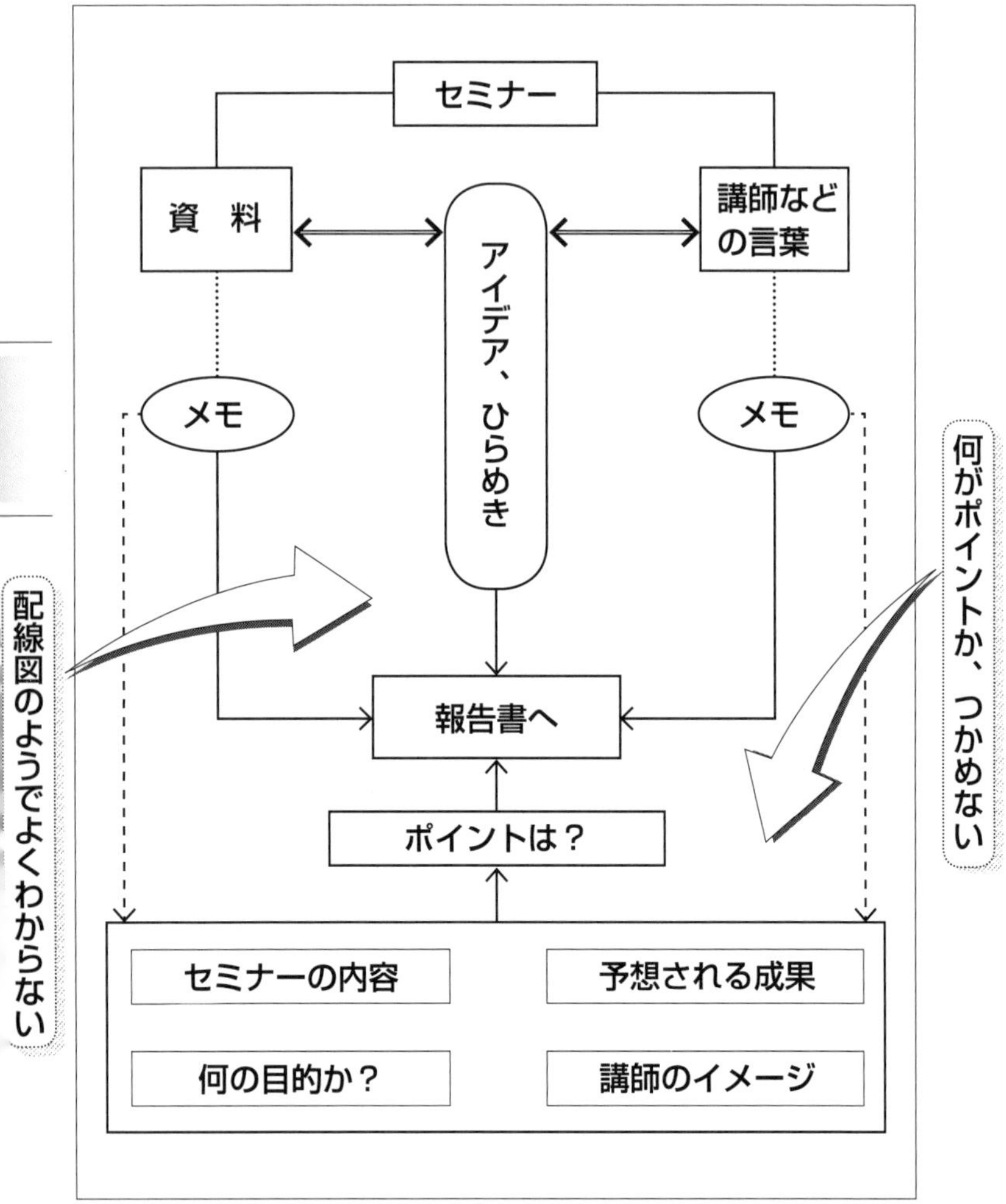

セミナー・会合でのメモの取り方

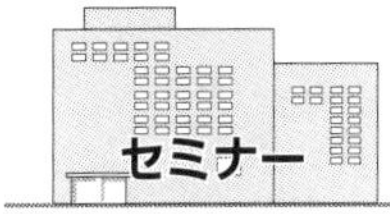

主な目的　　狙　い　　講師の言葉

↓

資料に直接メモる

その時のポイントは？

出席前にセミナーの目的・内容、考えられる成果をチェックしておくとスムーズにメモできる

報告書にするときは、
「目的と成果」を必ず入れること！

メモを取れば頭の中も整理できる

Point

ＩＣレコーダーを使えないような場所では、ポイントをすばやくメモするのが肝心です

たとえば「セミナー・会合でのメモの取り方」という図をつくるとする。この図で言いたいことは、「目的と成果がわかるようにメモを書く」ことであり、そのためには、「あらかじめ会合の目的と成果を考えたメモをしておく」ことが大切だ――としよう。

このことを図にしてほしい。

このとき、「目的」「成果」「メモ」……という単語と「セミナーの報告書」という単語をいろんな種類の罫線で結んだりする人がいる。まるで電気の「配線図」である。

これでは〝解読〟に時間がかかる。矢印や罫線で結ぶことがすべてダメだというわけではないが、極力シンプルな「配線図」にすることだ。

このままではけっこうスカスカだから、洒落たキャラクターを置いてもいい。空白部分の使い方も、図解のポイントでもある（192、193ページ）。

たとえば「店づくり」の本で、「店舗のアイデンティティ」というようなことを説明している項目があったとしよう。ここで、「アイデンティティ」「店の機能」「店の価値」……といった言葉を無造作に並べても、これも配線図のようでよくわからない。

図をつくっている編集者はわかっているのかもしれないが、複雑な配線図にするぐらいなら、キャラクターに「なるほど、アイデンティティとは要するに独自性のことなのか」などと喋らせるほうが、ずっとましな場合もある（左図）。

店舗のアイデンティティとは？

そのお店にとっての
アイデンティティ（Identity）を
しっかり自覚する

アイデンティティの
ないお店は
魅力もない

- ●独自の機能
- ●他にはない味、特長
- ●また行きたくなる " 何か " がある

||

アイデンティティ

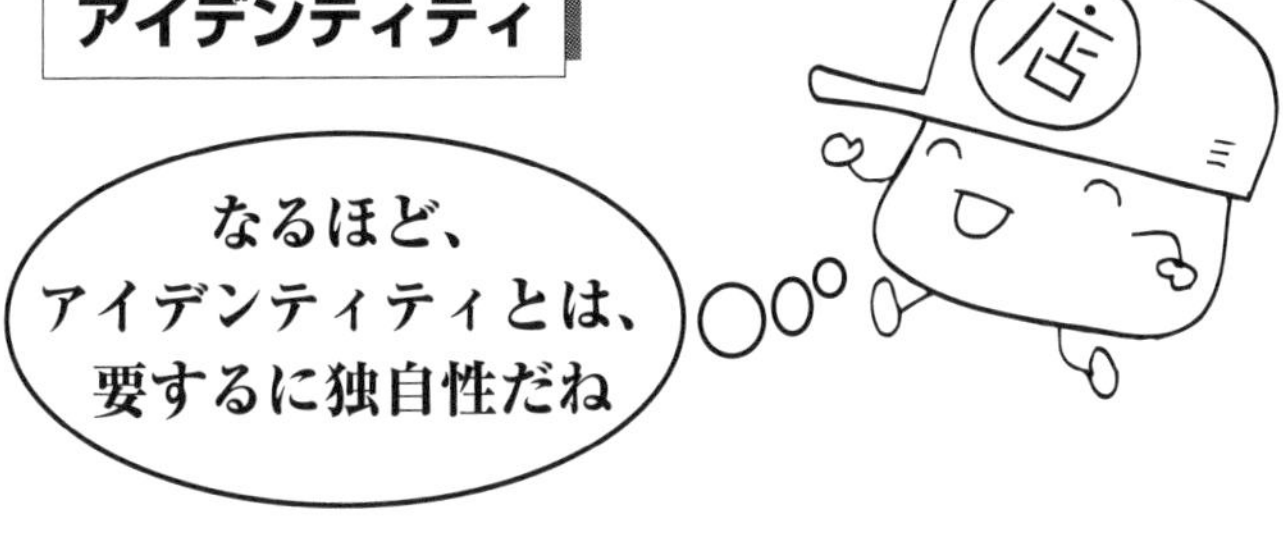
なるほど、
アイデンティティとは、
要するに独自性だね
店

11 図解と見出しの関係は？

●——図表はニュースのフリップではない

次に前項（188ページ）で三番目にあげた、「できれば図表の最後に『まとめ』か『ポイント』を入れる」ということについて、である。

実用書における図表を、ニュースなどのフリップ（キャスターが使う模型や図表）と勘違いしている編集者もいる。だが少し考えてもらいたい。ニュースでは、キャスターや解説者が喋りながらフリップを指さして説明する。しかし書籍ではそうはいかない。

「本文があるじゃないか。本文がニュースキャスターの説明と一緒だ」

と思うかもしれないが、本文を読みながら該当個所に来たら図表に目線を移すと読書のリズムが崩れる。これは私の長年の持論だが、ハウツー書の図表は、まさに図解なのだから、その図だけでわからなければならない。

つまり、図表は本文の補完ではないのである。

……ということは、どういうことが言えるか。

◉――図解と見出しはリズミカルに！

まず、図解について掘り下げる前に、見出しについて見てみよう。

良い見出しとは、読んで内容がつかめるものでなければならない。そのためには、章タイトル、節タイトル、小見出しが、リズムよく流れたほうがいい。

たとえば『上手なメモの取り方』という本だとしよう。

第1章はプロローグのようなものだから、

第1章　メモで自分を変えよう！　仕事を変えよう！

というようなものだったとする。そして、第1節が

1／そもそも何の目的でメモをとるのだろう

と続くとしよう。疑問を投げかけているのだから、そのあとに来る見出し（小見出し）は節見出しの「答え」の形をとるのがベターである（すべてそうする必要はない）。

たとえば、

1／そもそも何の目的でメモをとるのだろう
●仕事や生活をスムーズに進めるためにメモをする
●メモは自分への「指示書」でもある

というようになる。もちろんこういったパターン化された「Q&A」の流れの見出しでは、当たり前すぎることもある。演歌のようなもので、似たような音階が繰り返されると、目新しさはない。思い切って節見出しに、どん！　と〝答え〟を出してしまうやり方もある。

いきなり「サビ」から始まる楽曲もいいものだ。

また、これは反論される編集者もいるかもしれないが、私は〝気分〟で「ですます調」の見出しを混ぜる。同じ調子ばかりだと、どうも居心地が悪いのだ。

見出しも、時代とともに少しずつ変わっている。かつては同じ調子の「Q&A」の繰り返しが多かったが、最近は見出しそのものにコピーとしての斬新さがないと、読者は満足してくれない。とくにビジネス書でも自己啓発、啓蒙書関係は、むしろ「Q＆A」の繰り返しから脱却する傾向にある。

◉――本文で書いたことを図でまとめる！

ではこういう項目の場合、図はどうするか。

基本的には、「図は念押し」だと考えたほうがいい。

たとえば「そもそも何の目的でメモをとるのだろう」という項目（節）が四ページか六ページだとすると最低でも、一つの図解が必要になる。

そこで図のタイトルだが、

●なぜメモを取るのか？

で、本文で言ったことをまとめる。図の一番下には、

メモを取れば頭の中も整理できる！

といったワンポイントを入れるのもいい。一九三ページのような感じである。

間違いやすいのが、本文で8割言って、残り2割を図表で説明しようとすることだ。これでは図解にならない。もちろん、そういうパターンがすべてダメだとは言わないが、そのようなときは図のタイトルを、

「メモには他にもこんな効用がある」

といったものにするぐらいの気配りは欲しい。

いずれにしても、基本的には、本文で言ったことを図でまとめる。当然本文で書いたことと多少内容は重複する。それでもかまわない。

ただそうは言っても、すべての図が、本文のまとめというのも芸がない。本文で説明しきれなかったこと、補完することを図で説明することは、決してダメなわけではないし、本文中に、「ここで左の図を見てほしい。……」とやることでリズムも崩れない。

しかしその場合でもなるべく図の中には、「要するにまとめ」を入れたいところである。

図解は本文の補完ではない。
図だけで意味がわかるようにつくる。

12 図解本の〝潮目〟が変わってきている

◉──最近の図解本の傾向と、編集者の対応は？

自分で言うのも何だが、私は実務書における図解のひとつのスタイルをつくったと思っている。それはすでに書いた、「情報を入れすぎず、ある意味でざっくりつくる」ということだ。「ざっくり」という言葉が普通に使われる前から、それまでなら半ページぐらいにする図を、ゆったり一ページ取ってつくった。挿絵の感覚である。

本文の文字量も、少なめにした。あるいはこの本でも実践しているように、見開きごとに二、三カ所は空行をつくった。ブログのイメージである。

図解の書体も、それまでは本文と同じような明朝体だったが、ゴチック体を使った。文字の大きさも、うるさくならない程度に変化をつけた。

だがこういうスタイルが、今どんどん進化し、変化し、ときにはまるで〝絵本〟のような実務書があったり、図は少ないが本文書体を工夫して図解本と同等の効果を生み出している本もある。本書では挿画を数点入れて、そこにキャッチコピーを入れたが、一冊にこういうページが何ページもある本もある。図解の代わりである。

文字がアイコン化しているのだ。これはDTPの進歩とも無縁ではないだろう。片方のページには写真をバックに、二〇文字ぐらいのコピーだけがある、という本も刊行されるようになり、しかもそこそこ売れている。

DTPソフトをうまく使って、情報量、文字量の多い図を上手に詰め込めば逆にスタイリッシュだし、読者に〝お得感〟を与える効果も生み出せる。カラー刷りのビジネス書は、もはや当たり前の時代になってきた。

もちろん、ざっくり感のある本もある。しかしそれらの中には、図がほとんどないものもある。たしかにわけのわからない図を入れるぐらいなら、広告のキャッチコピーのように何文字かの要点をデザイン処理してページに一つ置いたほうがインパクトもある。

逆に、図がほとんどないか、あってもすぐにわからないむずかしい図の実務書が、そこそこ売れていたりする。幻冬舎の「黄金律新書」など、完全に専門書である。かつての「日経文庫」と非常によく似ている。

図解本、実務・実用書の〝潮目〟が確実に変わってきているのである。

◉——多様化する図解本の行方は？

二〇〇〇年頃は、「図解」と名のつく本は、だいたい同じ〝つくり〟だった。しかし今、情報量の少ないざっくりした本だけでなく、さまざまな形の図解本が書店に並ぶ。編集者が模索に模索を重ねている結果でもあるだろう。

一方でかつてはまずあり得なかった、廉価で多色刷りの単行本が見られるようにもなった。カラー刷りで、ギュウギュウに情報を詰め込んだ図（雑誌やムックのようなイメージである）が、四六判単行本や文庫本でも見られるようになった。

ＤＴＰだけではなく、印刷技術も進化しているのだ。

また、オールマンガの実用書も増えた。イーストプレスの「まんがで読破」シリーズは、古今東西の名作小説だけでなく、『わが闘争』『君主論』……といったものまでラインアップされている。これも広い意味では図解本だろう。

編集者の必須能力として「デザインセンス」をあげたが、見た目の格好良さは、デザイナーではなくとも普通の感覚があればわかる。それまではデザイナーやオペレーターに依頼しないと実現できなかったページが、編集者でも比較的簡単にできるようになった。ＤＴＰソフトの進歩のお陰である。ちょっとした図表なら、編集者自らつくることができる。

編集者もこうしたＤＴＰソフトを使いこなせるに越したことはないが、絶対条件ではない。

それは優秀なオペレーターに任せばいい。裏を返せば、手足となってくれる優秀なオペレーターを育てる、あるいはタッグを組むのも、これからの編集者の仕事でもある。

最近はDTPソフトの進歩と普及で、組版の基本を知らないDTPオペレーターも増えた。編集者はそういう人に「美しいページ組版」を教える責任もある。DTPソフトは進化してはいるが、カギカッコと句読点が連続する場合など、まだ人の手で調整しなければならない部分も残っているのである。

「美しい組版」の本は、手に取ったとき何とも言えず、心地よいものだ。

もちろん、編集者にとって「美しい組版」を追求する以上に大切なのは、タイトルや見出しを工夫する熱意、あるいは企画力であることも忘れてはならない。

◉——時代に寄り添い、しかし振り回されない

「情報量を少なく、余白をぜいたくに使う」という図解本がもうダメかというと、これも残っていくだろう。けれども読者が図表に求める〝格好良さ〟が、少しずつ変わってきた。イラストも、二頭身のかわいい系のキャラが中心だったが、これもあえて無機質なものにしたり、今風の若者のイラストが増えてきた。

総じて、POPなデザインの本が増えたようだ。文中のキーワードをゴチック体にするの

は、もはや当たり前である。見出しなどの書体もシンプルだ。一時は図解本というと妙にゴテゴテしたものもあったが、それも少なくなった。

いったん駆逐されたはずの「情報ぎっしり図表」だが、カラー刷りや図形化技術の進歩で、形を変えてよみがえってきた。フォントを工夫さえすれば、小さい文字の図表でも立派に美しく見えるものだ。それも、出版・編集の進化ととらえるべきだろう。編集者は時代に寄り添いながら、しかし時代に振り回されない本をつくらなければならないのである。

時々刻々と「売れる本」の定義のようなものは変わっていく。

一五年以上前、私はある実務書の前書きに「この本のポイント」という図を入れたことがある。このときは著者も、一緒につくっていたフリー編集者の人も、さすがに「それはどうかと思う……」と反発した。

しかし結果的にこの本はある程度、売れた。前書きの図解のお陰で売れたとは思わないが、決してマイナス要因ではなかったということである。

以来、前書きなどに図解を入れる本が増えた。しかし今では、それも斬新ではない。新しいことを始めた瞬間に、それは過去のものになるのである。

ビジネス書そのものも、転換期にあるように思う。しばらく啓蒙書、生き方術、コミュニケーション術などが書店の平台を占めていたビジネス書だが、今では健康術も含めた「実用書」が増えたし、その一方で、『統計学が最高の学問である』(二〇一三年、ダイヤモンド社)のようなものもヒットするようになった。

次に来るのは、どういう傾向の本だろう。

◉——マニュアルに頼っていては進歩はない

私はこの3章である程度のセオリーを書いたが、これは「マニュアル」ではない。図解にしてもカバーデザインにしても、一〇年前の本を見てみればいい。実に古くさい。

こういうときはこう、ああいうときはこう……といったマニュアル本は、決して少なくない。しかしそういう本を参考にして「売れる本」ができるだろうか——。それができるなら、どんな人間でもヒットメーカーになれるだろう。

したがってここで書いたセオリーも、あくまで〝ある程度〟というものでもある。

かなり細かいことも書いた。しかし本づくりにおいては、こだわるべき細部と、どうでもいい細部があることを覚えておいてほしい。私はどうでもいい細部は書かなかった。

「ここにこだわれば、売上げも上がる」

ならいいのだが、単なる編集者の〝好み〟で、あれこれこだわるのは、木を見て森を見ないことになりかねない。
本はマニュアルで割り切れない部分が多い。仮に強引にミリ単位でマニュアル化した場合、「そうとは言い切れない」というシーンが逆にたくさん出てきて、何の役にも立たない本になるだろう。

編集者が最も身につけるべき「技術」は、企画力なのである。

これを言うと身も蓋もないのだが、編集者にとって最も大切なのはマニュアルではなく、テクニックでもなく勘である。ただこの勘は、いくつかの曖昧なセオリーを積み重ねることによって、精緻なものにすることができる。
私がこの3章であげたヒントやセオリーの多くは、「一概には言えないが……」という但し書きがつく。あくまで、〝原則〟なのだ。原則には必ず例外や抜け道がある。この3章で書いたいくつかのセオリーを、読まれた方がそのまま真似るのではなく、「もっといい方法はないか」と考えるきっかけにしてほしい。

第4章

大きく変化する出版界と編集者の対応は？

――今あえて、「出版、編集とは何か」を問い直す意味

編集者は総合芸術家であり、優れたマーケッターでもある。
そして何より、気骨のある編集者でありたい。

1　変わりつつある編集者の役割

◉――マーケッターとしての編集者とは？

私は、ビジネス書編集者としての大半を、主に「実務書」づくりに費やした。会計、経済、金融……しかし、それらのテーマは各出版社が手を変え品を変え刊行してきて、今はほぼ成熟状態にあると思う。図解本もあればマンガ入りもあるし、判型もさまざまだ。

私自身、ここ数年は実務書、実用書以外に、「啓蒙書」に近い本を多くつくってきた。手がけた実務書も、一〇年ほど前とは、かなりつくり方を変えた。第3章の最後に書いたように、ビジネス書の潮目が明らかに変わってきているのだ。

一時はまさに、手探り状態のときもあった。しかし、実務書づくりのノウハウがあったおかげで、こういう変化にも対応できたと思っている。

今のビジネス書とは企画力だけではなく、誰も考えなかったタイトルをひねり出す力、デザインの力、文章力……等々、たくさんの技術を要する分野だからだ。

当然のことだが、ここ数年でカバーやタイトルの傾向もかなり変わっている。このことは一七二ページでも触れた。だが、テイストがどう変わろうと、編集者は柔軟にそれに対応し、斬新なものをつくり出さなければならない。

知恵を振り絞って、新しいものをつくり出す。だがすぐ後発がやって来て、斬新さは標準仕様になる。そのスピードは、近年ますます速い。

今までにないものをつくり出しても、つくった瞬間からそれは「すでにあったもの」になっていくのである。よく、「現状を変えよう」などと気楽に言う人がいるが、現状を変えたとき、変えられた現状は古いものになっていることを知るべきだろう。

◉――ビジネス書という「カテゴリー」そのものの変化

かつて、光文社でカッパブックスをつくった神吉晴夫氏は、あの「新書」というパッケージのなかにさまざまなジャンルの本を放り込んだ。小説もあれば、占いの本もあった。

基準は、「読者が興味を示すテーマ」ということだったと言う。私が一五年間在職した「かんき出版」の創業者である。

それまでの新書というと、岩波新書のように「学術関係」がほとんどだった。カバーデザインもほぼ同じである。しかしカッパブックスは、新書のイメージをガラリと変えた。

今のビジネス書界にも、似たようなことが言える。

新書や文庫本のなかにも、ハウツー書がある。コンビニに置かれる雑誌やムックにもＰＣ本や税金の入門書がある。

かと思えば、昔なら医学専門出版社しか手を出さなかったテーマも、やさしく嚙み砕いて出版される。たとえばベストセラーになった『医者に殺されない47の心得』（アスコム）、『薬剤師は薬を飲まない』（廣済堂新書）……。これらは医学専門書ではなく、いわば「やさしい健康本」である。深夜の健康食品ＣＭの書籍版でもある。

このように、もはや「ビジネス書」というカテゴリーではなく、ビジネス書のなかに経営実務、実用、健康、啓蒙、読み物……というふうにいくつかのカテゴリーがある、と言ったほうが適当だろう。まさにカッパブックスと同様である。

かつては、学生運動あたりで文学や文化に目覚めた人間が、出版界に入ってきた。四〇年以上も前のことだ。当時はまだ出版は「事業」ではなかった。しかし今は違う。ホールディングスになった出版社もあるし、上場を目指した出版社もある。

魑魅魍魎《ちみもうりょう》のうごめく「家業」世界だった出版界が、立派な事業になったのだ。

そうなると編集者も、志だけで本をつくっていればOKというわけにはいかない。マーケッターとして、またときにはエンターテイナーとして仕事に関わる時代になってきたのである。「文学が好きです」「編集が好きです」だけでは通用しない。

もちろん、数人で「つくりたい本」だけつくっている出版社もある。書肆《しょし》山田、未知谷、紫陽社などがそうだし、やや規模は大きくなるが藤原書店などもそうだろう。

また地方の出版社の多くは、新聞社系でなければ二、三人で切り盛りしている。短歌、俳句などを出している出版社の多くも細々とやっている。それはそれで、素晴らしいことだと思う。ただそれらの出版社は、自費出版で経営を賄っていることも多い。

私の属するビジネス書業界や大手総合出版社と、詩や社会科学系の専門出版社のどちらが「出版」を名乗るにふさわしいか、私にはわからない。しかしいずれにせよ、出版もビジネスでなければならない時代なのだと思う。

◉――やはり、出版はビジネスでなければならない

私はこの本の第1章で、「ビジネス書」が生まれた過程を書いた。そのビジネス書は文庫、新書、ムック、雑誌……と多様になってきた。おそらくまだ変わるだろう。出版は文化だと思う反面「売れなければダメだ」と思うのは、出版界が大きく変化してきたからでもある。

もちろん、ジャーナリストとしての誇りは持つべきだろう。自分がつくる本が世の中の何に貢献するか——という問いかけである。しかし今、そもそもどうすれば世の中に貢献できるかわからなくなっている。そんな時代に、編集者だけにその意識を持てと言うのも無茶な話ではないだろうか。

「出版は商売」

そういうふうに割り切ってもいいのかもしれない。だが、私はまだそこで立ち止まって腕組みをしている。そして恐る恐るだが、答えを出してみる。

出版は商売であると同時に文化でもある。編集者は総合芸術家でもある。

いや……これは大げさか。今のメディアの状況を見ていると、「文化としての出版」を貫いているところは数少ない。やはり、売れなければならない。けれども出版社も編集者も、粗製濫造だけはしないでほしい。

本を「商品」と言うと軽い抵抗を示される方もいるかもしれない。しかし第1章で述べたように、私は芸術作品をつくっているつもりはない。誤解を恐れずに言うと、「鍋釜つくっている」のと一緒なのである。しかし、この「鍋釜」は丈夫で長持ちし、安くて見栄えもいいものである。粗製濫造のものではない。手づくりの鍋釜だ。

美しい組版、わかりやすい文章、惚れ惚れするようなタイトルと装幀……これがない「本」は、単に活字が印刷された情報物にすぎない。

「お前はビジネス書をつくってきた。まさに、内容は〝情報〟ではないのか」

そう言われてもいい。しかし私のつくってきた本の情報は、二束三文のものではないという自負がある。多くの人に「役に立った」と思われた自信もある。

◉――セオリーを超えた編集者になってほしい！

ネット書店、電子書籍の普及で、出版社のあり方も変わってきた。

営業方法もそうである。

まず、書店の売上げランキングなどを手に入れる。今では簡単に手に入るはずだ。これを「大阪○○書店、週間ランキング一位！」などと新聞広告を打つ。少し前までは紀伊國屋書店、八重洲ブックセンターなどだったのだが、「札幌△△書店、一位！」などと広告を打つ。「アマゾン、週間ランキング一位！」などは、当たり前になった。

営業マンはこれらのデータを効果的に使い、売上げアップに結びつけていく。販売方法も、取次に頼らず、また書店に任せきりにせず、いろいろ工夫していい。私の家の近所のホームセンターには、園芸用品売り場に隣接して、ガーデニングの本が置かれている。

実際に、小取次はどんどん淘汰され、中小書店は次々と廃業している。出版社－取次－書店という、旧態依然の流通ルートは、これからどんどん変わっていくだろう。もちろん、ネット書店も無視できない。

この本は「出版論」の本ではないので、「今後の出版のあり方」といったことは、余り触れないが、だからといって編集者が無頓着ではいけない。

私はこの本で、いい本、売れる本づくりのセオリーをできるだけ言語化したつもりだ。しかしそれでも「マニュアル化」できないことは多い。何とも言えないのだが……ということも多かった。

ということは、類書を参考にしながら、これまでになかった斬新なカバーコピー、見出しのテイスト、目次構成などを編集者は毎回考えなければならない。何かいいアイデアはないかと、必死で考えなければならない。

たとえばソデ（カバーの折り返しの部分）は、読者が比較的、書店で見る箇所だ。かつてはここに「本文より」と、何の工夫もなく長々と文章を入れる編集者もいた。しかしここは、じっくり読むところではない。キャッチフレーズを置くには格好のスペースだ。

今ではここに「本書のセールスポイント」やフローチャートを入れるのが常識になっているが、何年か前、勇気を持ってこれを最初に始めた編集者が必ずいるはずだ。

そのことを考えてほしい。

◉——ますます多様化するビジネス書

最近、ビジネス書に「新書」が幅をきかせるようになってきた。かつては岩波新書、中公新書、講談社現代新書ぐらいと、あとは専門的な分野の新書だった。しかし一〇年ほど前から、まさに雨後の筍のように各出版社が新書に乗り出してきた。

新書は定価も安い。だからかつての新書は、「専門書をダイジェスト化」したようなものがほとんどだった。しかし最近の新書は、まるで雑誌の特集記事を膨らませたような、一テーマのものが多い。

『伝える力』(二〇〇七年　池上彰／PHPビジネス新書)、『聞く力』二〇一二年　阿川佐和子／文春新書)』こういう柔らかなものがあると思うと、『あの戦争は何だったのか』(二〇〇四年　保坂正康／新潮新書)、『原発と日本人』(二〇一二年　小出祐章・佐高信／角川oneテーマ21)といったメッセージ性の強いものもある。

普通なら単行本で出版するような新書も多くある。

どの新書も最近の単行本より文字量は多い。新書は専門的なことを地味に、というセオリーに反して、ベストセラーになったものも、何十冊もある。単行本と同じようなテーマで情報量も多く、それが一〇〇〇円以下で手に入るのだから、読者が新書に向かうのも当たり前かもしれない。

電子書籍が普及しても、紙の本は残るだろう。もちろん数は減ると思う。数（部数）が減れば定価などにも影響してくる。しかし「紙の本」には電子書籍にはない「読了感」もある。あの〝手触り〟がいいという人も多い。

ただ、今とはかなり状況は変わっているだろう。どう変わるか……無責任なようだが私にもおぼろげにしか見えない。ただ書店、取次のあり方は確実に変わるはずだ。

編集者には、そこに対応するフットワークが求められている。

◉——書店に行かない編集者は失格である

本というものが商品である以上、まさに生き物、ナマモノである。今年は読者にジャストフィットした編集方法が、来年はダサくて受け入れられないものになるかもしれない。その意味で、当たり前のことだが編集者は常に感性を研ぎ澄ましていなければならない。

ついでに言うと、編集者は出版営業マンと同じ感性を持つ必要はない。

編集者は、書店に行ってリサーチしたりすることは大事だが、書店営業マンと同じ感覚になる必要はない、と私は思っている。

もちろん、「書店営業マンのような視点」も必要である。読者が見えない場合、書店に行けばおぼろげに見えることはたくさんあるからだ。また、類書を見ることで企画を練る参考にもなる。

書店に行きつつ、営業マンとは別の視点で本を見る……。このあたりは、片方が「売れる・売れない」で考え、さらに片方は「読者がいるかどうか」で考える――とでも言っていいだろう。

いずれにせよ、営業マンは読者よりもまず「書店」を見る。だが編集者はまず「読者」を見るべきだろう。ここに営業マンと編集者の違いがある。

ただ、「読者」とは何か、という問題がここで出てくる。読者は、編集者が想像してつくりあげてもいいが、書店をリサーチすることで読者の像が結ばれることもある。だから、本を読まない編集者、書店に行かない編集者は、その時点で編集者失格だろう。

付け加えれば、ネットである。ここには膨大な企画と情報が眠っている。そこを掘り起こすのも編集者の重要な仕事であることを忘れてはならない。

2 企画は自ら考えよ!

◉——著者や企画をエージェントに依存してはならない

ここ数年、企画を編集部に売ることをビジネスにしている人たちが増えてきた。編集部宛に「企画の素案」「アイデア」のようなものを定期的に送り(毎朝というところもある)、編集部がそのアイデアに乗り気になったら本づくりに進行する。企画の始まりは思いつきだから、その思いつきを売るのである。

あるいは、エージェントのように著者を何人か抱え、その著者の企画を出版社に売る。エージェントは出版社複数に企画を送り、いわば「入札」される。本が出来上がったら、エージェントは印税相当額のいくらか(二%が相場だと聞く)を受け取る。たとえ一%でも、その企画が一〇〇万部売れたら、一〇〇〇万円以上の収入になる。

主に編集実務は版元の編集部がやることが多いため、点数もこなせる。著者(主に著述業）としても、企画書を出版社に持ち込む手間が省ける。

社員が三〇名、四〇名になってくると、出版社も経営を維持していくために月に一〇点近く出版しなければならない。天才的な編集者がいて、つくる本はすべてベストセラーになるのなら月に四、五点でもいいだろう。しかしそんなことは、まずあり得ない。あったとしても、編集者の〝旬〟は数年だ。旬を過ぎると、売れる本がつくれなくなる。

だからといって企画を丸投げしていいものだろうか。それは、編集者の「魂」を他に売り渡していることにはならないだろうか。

編集者の仕事は多い。しかしそのなかで、編集者が固持しなければならないものは企画力だと私は思う。そこを外注してしまっては、もはやその人は編集者ではない。知人とのお喋り、テレビや映画……そういうものから何かひらめいて、書籍という〝形〟に昇華させることこそ、編集者の醍醐味ではないだろうか。百歩譲って、エージェントが間に入ったとしても、主導権は編集者が握るべきだと思うのだ。

「片山さん、何か企画ないですか？」

二〇年ほど前、今は業界でも有名になっている編集者が若い頃、私と会って最初に発した言葉だった。聞けば彼は、いくつかの編集プロダクションにもそういう話の持ちかけ方をしていた。そのうちのひとつの編集プロダクションの代表が苦笑いして言った。

「ああいう人がいるから、私らの商売も成り立っているんだけどね」

自分ではとくに何をするでもなく、編集プロダクションなどに企画を出させ、売れたらその編集プロダクションは仕事が続き、売れなかったら一、二冊でお払い箱になる。これはどこか狂ってはいないだろうか。

ところが今、出版界ではその狂った状況が主流になり始めているのだ。

もし私が若い編集者に言うとすれば、ただひとつ。

「企画は自ら構築し、誰にも譲り渡すな」——ということだ。

●——編集者同士の切磋琢磨がクオリティを上げる

私がフリーで仕事をするようになった頃、いくつかの出版社から仕事をいただいた。そのとき、私はなるべく「若手の担当編集者」をつけてもらい、その人と打ち合わせながら本をつくってきた。それができずに丸投げ状態だった仕事は、不思議と売れなかった。

悲しいことに、放っておけば編集者の感性は鈍ってくる。もし私が編集部に「丸投げ」される形で仕事を受けていたら、体力や健康が衰えるように、私の本づくりの勘も鈍っていったろう。担当編集者と、ときには酒を飲みながら意見を交換し合ったことで、私の「編集力」は、まだかろうじて通用しているのだと思っている。

経験者には経験者の感性もある。しかしたいていは、少し黴《かび》が生えかかっているものだ。若い人の感性がすべて優れているわけではない。彼らも的外れのアイデアを出す。だが、こちらも一歩引いて彼らの意見を聞くことで、それこそ「切磋琢磨」できる。

もちろん私は、エージェントという仕事を否定しているのでも嫌っているのでもない。フリーランスになってから、私自身が知り合いのライターや編集者から企画を託され、それが本になったこともある。まさにエージェントだ。

ただ、そういう形で企画を託された場合でも、私は出版社に企画を通しておしまい、ということはしなかった。必ずその企画は、自分で編集作業までやった。

編集者は人材派遣業でもなければ、アイデア販売業でもない。自分で頭と手を動かして本をつくるのが、編集者なのである。時代が変わろうと編集技術が変わろうと、そこだけは手放してはならないと思う。

こういうことを書くと、あいつは頭の固い古い人間だ、と言われるかもしれない。しかし、そうではない。私は電子書籍もどんどん進めるべきだと思っているし、活版時代の編集者がMacを自在に操る編集者になったように、変わるべきものは変わると思っている。

しかし企画をプロダクションなどに丸投げし、売上げ状況は営業部からの数字任せでは、何のために編集者が存在するのか、わからない。編集者としての矜持を持ち続けることこそ、先の見えない出版界を生き抜くカギになるのである。

◉──電子出版時代だから問われる企画力

とくに電子の時代になると、これまで以上に企画力が問われるようになるはずだ。電子書籍には「絶版」という概念がない。また、紙では売れないが電子書籍では売れる企画もあるだろう。常に最先端にいるべきだとは言わないが、これからは確実に電子書籍が増えてくる。そのとき、頑迷に「紙」にこだわる編集者も、どうかと思う。

今のところ、既刊本を電子化しているものが多いが、新刊と同時に電子書籍が発売されるケースも増えてきた。ただし、定価は電子が少し安いぐらいだ。定価が下がり端末も一本化し、電子書籍でしか入手できない本が出るようになったら、事態は大きく変わるかもしれない。「電子でしか読めない本」も増えてくるだろう。

そしてその本をつくるのは、編集者なのである。

ただし──、このあたりが「矛盾している」と言われるのだが、私は紙の書籍が好きだ。あの手触り、外観などは電子書籍にはない魅力がある。だがそれは、編集者としてではなく、本好きの人間としての想いである。

企画は自ら構築し、練り上げる――

それが編集者の醍醐味である。

3　出版社のポリシーと良心

少し青臭いことを書く。

出版とは何なのか、出版社の良心とは何なのか……ということである。

◉——出版社は「情報産業」なのか？

出版は文化産業であって、利潤の追求には謙虚であるべきだ、という意見がある。私はこの考えに半分は賛成だが、半分では反対だ。出版社も企業であり、そこで働く社員もいる。本が売れたら、印刷所や製本所、用紙業も潤う。だから、儲けを追求することを否定はしない。ただ、汚い方法だけはとるべきではない。

本は、営業マンにとっては完全に「商品」だろう。これだけ売れればこれだけ儲かる——というものだ。では編集者にとっては違うのか。

本は一部を省き希少な芸術作品ではなく、とくにビジネス書は商品でもある。編集者もそのことを意識すべきだ。しかしただの商品ではない。何らかの形で世の中を動かす商品、多くの人が感動する商品をつくるぐらいの気概がほしい。

極論かもしれないが、営業マンにとっては、その本に何が書かれているかはそれほど大きな問題ではない。しかし編集者にとっては、「何を書いて出版するか」が、ものすごく重要になってくると思うのだ。

類書を真似するにしても、真似をした類書を内容的に上回ってみせるという気持ちが編集者に必要なことは、本書で何度も繰り返した。

またいま書店に行くと、やたらと好戦的な本が並んでいる。いろんな考えがあっていいだろうが、中国人や韓国人はとんでもない人間だ、理解などし合えない、場合によっては戦争も辞さないぐらいの態度も必要だ……などと、時代が数十年逆戻りしたかのようだ。

本文に数行ある程度ならいいが、センセーショナルなタイトルを付けて、ますますエスカレートしていく。もちろん本書では日中問題、日韓問題を論じるつもりはない。外交や政治、戦争に関しては、軽率にモノを言うべきではないと思う。

だが、著者はいいとしても、出版社はどうなのか。

著者がそう言っているから出版する——これでいいのか。

少し待ってほしいと言ってもいいのではないだろうか。

●——出版社は、どんな情報でも世に出していいのか？

私がここで言いたいのは、実はそういう思想的なことではない。たとえばある出版社から『原発が日本をダメにする』といった、ややリベラルとも言える本が出たとする。それはそれで、その出版社の方針だからいいだろう。

しかし一方で、『原発がなければ日本の経済は滅ぶ』という本を出したらどうか。私はその出版社の見識を疑う。

「出版社は情報産業だ。情報を欲している読者がいるのなら、どんな企画でも出していい」と言った経営者もいた。けれども、それは違うと思う。

融通がきかないと言われようと、出版人にはそういう「筋を通す姿勢」が必要ではないだろうか。でなければ、何も出版などという儲からないやくざな商売にこだわることはない。もっと利益率のいいビジネスがあるはずだ。

まだずっと若かった頃、企画会議で売上数字のことしか言わない上司に、食ってかかったことがあった。

「ウチは出版社でしょう！　お好み焼き屋と、どこが違うんですか！」

私は、「出版社は情報産業だ」という言葉に軽い反発を覚える。「出版社は出版産業」ではないだろうか。

バブル期、私には苦い思い出がある。当時、不動産投資がブームで、私がいた出版社でも「マンション投資」「不動産投資」の本を何冊も出版し、それなりに売れた。そろそろ上限なのでは……というときでも、『マンション投資はまだまだ儲かる』などという本を出版したぐらいだった。

そもそも私には、「今がバブルである」という意識はなかった。日本中が、そうだっただろう。だからこそ自信を持って「まだまだ儲かる」という本を出し、私自身も東京郊外にマンションを購入した。

しかしバブルは弾けた。私が買ったマンションの価格は一気に下落した。

それは自己責任だから善しとしよう。だがそんなとき、ある著者が『二年後、地価は半額になる!』という企画を持ち込んできた。そのとき全体の編集会議で、「これは売れるから、出そう!」という話になった。

私は、ついこの間まで煽るだけ煽っておいて、この本を出すのは倫理的におかしいと反論した。まだ血の気が多かった頃だ。

「この企画は、出せば売れる。たぶん著者の言うように地価は下落すると思う。私も大損するでしょう。しかしここは、痩せ我慢をすべきではないか」

その約一〇年後に退職することになるわけだが、この頃から私の考える編集観、出版観と、会社のそれとは微妙にずれていたのだろう。実際に地価は半分になったが、私は今でもこの考えを悔やんではいない。

「利益のためには何をやってもいい」と考える経営者がいる。確かに企業の目的のひとつは、利益の追求にある。しかしそこには、最低限のルールと倫理観がなくてはならない。絶対に儲かるとわかっていても手を出さない「痩せ我慢」、絶対に楽できるとわかっていても回り道する「愚鈍さ」——私はそういう気骨のある経営者が好きだ。経営者だけではない。一般の社会人にも、そういう気骨はほしい。

とくに編集者は、必ず持っていてもらいたいと思う。

「精神の貴族」という言葉がある。考えることに筋が通り、気品さえある人。とくに私たちメディアにいる者は、それが〝存在条件〟だとさえ思う。

●——編集者はマーケティングセンスと気骨を持て

ビジネス書を企画編集していて、今の経営者の中に「気骨」のある人が少なくなったことを感じる。政治も同様だ。

①理念なき政治
②労働なき富
③良心なき快楽
④人格なき学識
⑤道徳なき商業
⑥人間性なき科学
⑦献身なき信仰

——これは、ガンジーの言葉である。あってはいけないものとして、彼はこの七つをあげた。すなわち、「高潔さ」こそ大切である、ということだ。

私はこの本を書くにあたって、ここに、
⑧マーケティングなき編集
⑨気骨なき編集
を加えたい。

4 編集者は、ときには著者を育てる職業である

◉――著者が何を伝えたいのかを認識する

最近、「誰でも本を書けます」というブログやメルマガ、セミナーなどが目立つようになった。著者の裾野が広がるのはいいことだが、本を書く以上、どこに売り込むとか、これなら売れるとかどうだとか以前に、まず真剣に原稿を書いてほしい。それが著者に対する私のホンネである。「自分はこれを書きたいんだ」という熱意の感じられる原稿が、編集者と読者の心を打つ。

その上で、原稿に手を加えていく。

その前提で、原稿がわかりづらければ、なぜ伝わらないのか、どうすれば伝わるようになるのか、これを徹底的に著者とディスカッションする。

「打ち合わせ」という形でなくても、編集者が「見本原稿」を数ページ書いて、元原稿とど

う違うかを示すやり方でもいい。この見本原稿（とくに前書き）は、著者の意図を汲みながら、私はたいてい自分で書く。

ただしいずれの場合でも、「この著者は要するに何を伝えたいのだろう」ということを編集者自身がしっかりと認識しなければならない。そうしないと、どんな言葉を使っても相手は納得しない。説得とは、相手が納得してくれて初めて成り立つものなのである。

そうした打ち合わせを経ることで、編集者自身がその著者に何を書いてほしいか、あるいは著者とは関係なく、どのような本をつくりたいのか……という「設計図」が出来ていく。それがたとえ他の本の模倣でも、「ここをこう変えたい！」という編集者と著者の意識が強ければ、全くの別物になる。

◉──著者の原稿は少しぐらい下手でいい

このとき、あまり著者に〝名文〟を期待してはいけない。誤解を恐れずに言えば、ビジネス書の原稿は、少しぐらい下手でもいいのだ。経済評論家やコンサルタント、税理士……といった人は、「文筆家」ではないのである。だから編集者のリライト力がカギになる。その過程で、著者も育つし編集者も育つ。

決して名文ではなくとも、何か訴えるもの、貴重な情報がある原稿は多い。

編集者はそれを拾い上げるのである。

だいぶ前、あるコンサルタントの先生と仕事をした。その方は非常に文章もうまくアイデアも豊富だった。つくった本は連続してベストセラーになった。収入も大きかったはずだ。ところがこの先生は、ここで勘違いをした。

「自分のノウハウを活字にすれば儲かる」――と。

それで本業のコンサルタント活動より、執筆活動に力を入れるようになった。最初のうちはよかったのだが、コンサルタント活動をしていないから、現場の新しい知識が身に入らない。出来上がる原稿は、過去の原稿の焼き直しが多くなり、そのうち売れなくなった。

私はここで、「恐れながら……」と先生に忠告すべきだったと今も反省している。私自身、過去の原稿の焼き直しだと編集作業もラクだった。自分に甘えず、

「先生、もっと新しい本をつくりましょう！」

と言うべきだったと思っている。

●――育て合うことの意義を考える

編集者は著者に育てられる。同時に編集者は著者を育てることもある。このやり取りがお互いを高め、いい企画、いい本につながっていくのだ。

これを続けていると著者の原稿も名文ではないが、わかりやすく、読者のことを考えた文章になる、編集者もそこから得るものは増えてくる。お互いが育て合うのである。

その意味で、繰り返すが著者も含めた編集関係者は基本的には〝対等〟だということを忘れてはならない。

私はこれまで多くの著者と付き合ってきた。自信を持って言えるのは、著者に対して傲慢にはならなかったことだ。トラブルもいくつかあったが、それらの著者の多くの方とは今では良好な関係が築かれている。

著者といい関係が築けている編集者は、〝手駒〟が多いことになる。雑談をしていて、新しいアイデアが浮かぶこともある。著者だけではない。デザイナー、ライターも同様である。そういう人たちとの付き合いのなかで斬新な企画も生まれてくる。

事務所にこもってデスクワークばかりしている編集者の企画力は、貧しい。

本づくり職人として、職業人として――あとがきに代えて

■「手作業」は残るがゆえに……

電子書籍の時代になっても、編集者という職業はなくならない。

しかし、五〇年前の編集者と今の編集者が違うように、その役目もものすごいスピードで変わっていくはずだ。その行方は、私もわからない。

とはいえ紙の本であろうと電子書籍であろうと、編集者の企画力、マーケティング力が、カギになる。出版界……印刷業、書店も含めて劇的に変わっていくなか、編集者自らがこの大きな波を制御するぐらいの気概がなくてどうする――。


私のこの拙い一冊は、大げさに言えばそういう檄《げき》でもある。

私は「職人」という言葉が好きだ。たとえば建築現場の大工さん、左官屋さん……。昔の

ようにカンナで材木を削り金づちで釘を打つことは減っているが、それでも現場の手仕事を見ていると惚れ惚れする。

私が若い頃は、編集の仕事はほとんど手作業だった。ピンセットで「版下」を扱うことも多かったが、今や版下そのものがなく、ほとんどデジタル化されている。このスピードは、ここ何年か、すさまじいものがある。だが、それでも手仕事はなくならないだろう。私は、コンピュータソフトを扱うときも、職人でありたい。

あいつはまるで化石だと言われるぐらい、かつての活版印刷、写植も忘れたくない。それは決して、過去を振り返っているのではない。活版、写植、電算写植……数え切れないほど多くの過去の経験が、少しずつ積み重なっていく。未来は、その上にあるのだと思う。〝過去〟とは、切り捨てられるべきものではないはずだ。

電子書籍時代になるということは、「紙の本」を否定することではない。紙の本のなかにある〝心〟は、電子書籍でも不可欠なはずだ。

同時に、編集者は職業人である。私はそのことを大事にしたい。

職業人であると自覚することは、社会と深く関わっているということでもある。ただ心のどこかで、「作品」をつくっているのだという意識も持ちたい。

本は商品だと何度も書いてきたが、同時に作品でもあるのだ。

もしこの本を手にとっていただいた方が、これから出版・編集を目指そうという人なら、私の書いたことは参考程度に、自らのやり方を考えてほしい。私の言うことと真逆のことをやってもかまわないだろう。ただし、片山という編集者がかつていたことを頭の片隅にでもいいから入れておいてほしい。

現役の若い編集者が手にとってくれたとしよう。とくに三〇歳台、四〇歳台は、「旬」の時期である。少しぐらい無茶をやっていいから、自らのスタイルをつくってほしい。もし個人的に聞きたいことがあるなら、遠慮なく連絡をいただきたい。異論反論も歓迎する。ビジネス書の〝歴史〟など、参考になることはそれなりに書いたつもりだ。

私と同世代の人が手に取ったのなら、おそらく自らの賞味期限と闘っているだろう。だが電子書籍の時代にはなったが、中高年の読者はそんなに減っていない。むしろ中高年にターゲットを絞った企画をひねり出せるのがこの世代の編集者だと思う。

賞味期限と闘わずに「今の若い編集者は……」「昔は良かったよなあ」と言っている人は、読んでもらわなくてもかまわない。

もうひとつ、たとえ小出版社にいても誇りを持ってほしい。ひとりの編集者の力で、その出版社が一気に大きくなることもある。最近は、エース編集者をヘッドハンティングすることも増えたが、自分のいる出版社によほどの問題があれば別だが、ぐっと引きとどまって

「必ず大きくして見せる！」という気骨があってもいい。

また私はキーワードなどを太字（ゴチック体）にする方法で本をつくることが多いが、本書ではあえてその方法をとらなかった。私が重要だと思ったセンテンスも、ある編集者にとってはそれほどではないかもしれない。逆の場合もあるだろう。

キーワードは、読者の方自らが見つけてほしいのである。

■編集者は「個性」を持て！

編集という仕事は、究極の人間関係術だと言えるかもしれない。私個人は小出版社で育ったから、編集者も文章が書け、ページデザインの実務もある程度でき、ネーミングに長け、販促のアイデアもあり……が条件だと思っている。しかし実際には、多くの人の力を借りる。人間関係を上手に保てなかったら、やっていけない。

それは本文でも触れたとおりである。

そのとき大切なのが、編集者の「個性」である。

「一風変わった」でもいい。しかし他人に不快感を与えてはならない。

「何だか、いつも変わったことを言っているけど、奇妙に時代とマッチしているんだよな」

それが編集者の個性である。

二〇年ほど前から、「私はエディター（編集者）です」と言うようになった。それまで十数年編集という仕事をやってきたが、まだ何も摑めていなかっただろう。何とか格好はつけていたが、「編集部員」でしかなかったと思う。

その人間にしかつくれない本ができてこそ、「編集者」と胸を張れると思わなければならない。ひとつの職業を名乗るには、それだけの覚悟が必要なのだ。

また、本づくりをするとき、――とくにタイトルやカバーを決めるとき、最も大切なことは何だろう。それも「編集者自身の感性」「個性」である。もちろん、いろんな人の意見を聞き、いろんな人と相談することは大切だ。しかし最終的に決めるのは一個の編集者の個性であるべきだと、私は思っている。

優秀な（優秀になろうとしている）編集者には、圧倒的な個性がある。

「会議で決まるのはベージュ色」という言葉がある。

「私は赤がいい」「私は白がいい」……そうやっていると、だいたい無難な色に落ち着いてしまう。企画もそうである。だから私は出版社の編集長時代、カバーデザインの会議をあまり熱心にやらなかった。担当編集者が直接、案を持ってくる。

「うーん、いいんじゃないか。これで行こうよ」

一対一の真剣勝負の打ち合わせである。企画会議もいちおうはあったのだが、どちらかというと「進行確認会議」だった。その代わり、編集部員が私のところに企画書を持ってくる。それを二人で打ち合わせていた。

私は会議より、「個の力」を大事にしたかったのである。

もちろんこのやり方がベストだとは思っていない。とくに編集部が一〇人近くになった頃は、編集者を鍛える意味でも「企画出し」のノルマを課してよかっただろう。企画会議は、編集者が育つ場でもあるからだ。

企画会議の場で、編集者が上司を説得するのは編集者自身の力にもなる。編集者はそこで、企画構築力、説得力を学ぶのである。

■編集者は常に問題意識を持ってほしい

問題意識と言っても、社会的、政治的なものではない。もちろんそういう意識も必要だが、毎日の何気ない暮らしのなかで「いけそう！」「売れそう！」という好奇心に近い意識をいつも持っている編集者は、いい仕事をする。

最初は思いつき程度の曖昧なものでも、考え続けると必ず形になっていく。

また、「こういう企画の出し方をすると、ＯＫが出やすい」という感覚は、編集者のバランス感覚につながっていく。これは企画力にも直結する。

私はこの本で、良い本は売れるのか、売れたら良い本か、という自問自答を繰り返してきた。結論はやはり「良い本は売れる」である。

ただしこの「良い本」は、内容がいいだけではない、カバーデザイン、タイトルも含めて、文句のつけようのない設計になっているか——こういった総合的なものが要求されるのである。粗製濫造された本は、一時期は売れても歴史に残らない。

歴史に残るということは、あるときはその読者の人生を変えるかもしれない、ということである。たとえ〝お手軽〟で軽薄そうな本でも、逆に重々しい本でも、あるインパクトを持った本が「良い本」だし、必然的にそれは売れるはずだ。

■編集は「マニュアル」ではない！

おわかりのように、この本は、本づくりの精神や哲学と同時に、「具体的に見出しや前書きなどをどうつくればいいか」という技術論にも多くのページを割いた。

しかし本づくりで最も大切なのは「企画」でもある。

ひらめきや思いつき、そして勘を、どういうふうに鍛えるか——。編集者なら、テクニック以上にそちらを考えてほしい。編集者が鍛えるべきなのは、誰も考えなかった斬新なアイデアを具現化する企画力、すでにあるテーマだがまったく異質の切り口で挑戦する企画力なのである。テクニックは、そのあとに自然とついてくる。

だが逆に、テクニックを身につけ一見なんでもない小さな心くばりをすることで、本が一気に輝くこともある。いわば企画力と技術力は、クルマの両輪のようなものなのである。そしてこの企画と技術は、日々変化している。

編集者はその変化に、機敏に対応していかなければならない。いわば適応力だ。それは決して、マニュアルの中には収まらない。そもそも編集には、「これだ！」というマニュアルは非常に少ないのである。

とくにこれだけ時代の動きが速いと、たとえば校正ひとつとってみても、活版や電算写植の時代と今のＤＴＰの時代では、まるで違う。

「シャショク……なんですか？　それは」

という若い編集者さえいる。だが私はそれを、時代のうねりとして受け入れたいと思う。新しい時代の新しい編集者が出てきてもいい。

では、この本のとくに第３章で私が書いたセオリーなどは、しょせん過去のもので、意味がないのだろうか？　そうは思わない。ここで書いたセオリーは、充分に今でも通用すると思っているし、そういう小さな誇りもある。

しかし私はまだ現役である。そういう過去に依存していては、新しいものは生み出せない。良い悪いはともかく、新しい感性は大いに刺激になるものだ。

確かにこの本を書きながら、「今は少し違ってきているよなあ」と逡巡する場面もあった。また、現役として本をつくっていて、自分がかつて〝絶対〟だと思っていたやり方を自ら否定する場面も、決して少なくない。しかし、それでも四〇年近くやってきた私のノウハウをいま残さなかったら、たぶん後悔すると思い、黒子が表に出ることにした。

それが私自身の考え方を整理することにもなり、次の成長にもつながるだろう。

また、少しでも多くの読者の方に読んでいただければ、「ビジネス書編集」というものの存在価値も上がるに違いない。この本を踏み台に、周囲がびっくりするような本づくりをする編集者があらわれることを、心から願っている。

ありがとうございました。

著者

著者紹介

片山一行（かたやまいっこう）

◎――1953年愛媛県宇和島市生まれ。現在は愛媛県松前町在住。東京行きを年に何度かこなしながら、新しいビジネススタイルを実践している。1975年、早稲田大学第二文学部卒業後、中経出版（現ＫＡＤＯＫＡＷＡ）に入社、経営実務書の編集に携わる。1983年、かんき出版へ転職。ビジネス書を始めたばかりの同社の基礎をつくる。1990年頃から次々とベストセラーを連発。『手にとるように経済のことがわかる本』『手にとるようにパソコン用語がわかる本』など「手にとるようにわかるシリーズ」を立ち上げ、そのほとんどがベストセラーになった。一方、経理、税金、在庫管理……など、手がけた本は多くが増刷となり、同社編集部の基盤をつくった。ビジネス書の伝説的ヒットメーカーである。

◎――1998年、取締役編集部長を最後に退職。以後はフリーランス編集者として、すばる舎、フォレスト出版、ＰＨＰ研究所、ダイヤモンド社などの本づくりに関わる。主な仕事に、『必ず売れる陳列－70の仕掛けとテクニック』『メモの技術』（以上すばる舎）、『すごい！　整理術』（ＰＨＰビジネス新書）、『これだけは知っておきたいマーケティングの基本と常識』（フォレスト出版）などがある。本づくりにあたっては「生涯一編集者」をモットーに数々の工夫を施すなど、数少ない「本づくり職人」の一人である。

◎――仕事を進めるときは担当編集者と納得のいくまで話し合い、編集アドバイザー的な役割も果たしながら、その出版社、編集部の成長にも寄与してきた。そのため多くの若手・中堅編集者から「一行さん」と慕われている。今も現役として毎年のようにベストセラーを出し続けており、ビジネス書編集者の〝レジェンド〟とも言える。最近では『１日で感動的に声もよくなる！　歌もうまくなる!!』（すばる舎）『経費で落ちるレシート・落ちないレシート』（日本実業出版社）がある。

◎――著書として、人間関係における「聞き方」の重要性を書いた『すごい！聞き方』（ダイヤモンド社）、小野一之のペンネームで書いた『あなたの大切な人が「うつ」になったら』（すばる舎）がある。単なる「職人編集者」ではなく詩や俳句などをつくる側面も持ち、『片山一行詩集　おそらく、海からの風』（早稲田出版）、『片山一行詩集　あるいは、透明な海へ』（創風社出版）などがある。俳誌『銀漢』同人。

［連絡先：E-mail　ikko_k@nifty.com］

職業《しょくぎょう》としての「編集者《へんしゅうしゃ》」

2015年 4 月 16 日初版第 1 刷発行
2018年 7 月 24 日初版第 2 刷発行
2021年 12 月 10 日初版第 3 刷発行

著　者　片山一行
発行人　稲瀬治夫
発行所　株式会社エイチアンドアイ
〒101－0047　東京都千代田区内神田 2-12-6 内神田 OS ビル 3F
電話 03-3255-5291（代表）　Fax 03-5296-7516
URL http://www.h-and-i.co.jp/

編集協力　ケイ・ワークス
装幀・挿画　石村紗貴子
図版・DTP　野澤敏夫
印刷・製本　中央精版印刷株式会社

乱丁本・落丁本は小社にてお取り替えいたします。

ISBN978-4-908110-01-6　¥1800E

付記

「活字離れ」「出版不況」と言われるようになって、何年が過ぎただろう。そして今、電子書籍という新しい媒体が現れ、出版人はそれぞれの模索を続けている。そのようなとき、「編集者とは何か」という内容の本を書くにあたり、著者と編集部は「出版はビジネスである」という命題にこだわった。つまり「編集者」とはただ本をつくるのではなく、一個の人間として編集という〝職業〟に携わるべきであるということだ。

そこでまず『新・職業としての「編集者」』という仮タイトルで企画を進めた。『職業としての編集者』という本は、岩波書店『世界』の編集長を務められた吉野源三郎氏著で二〇数年前に岩波新書になっている。そこで「新」としたのである。

しかしこれでは吉野氏の名著は「旧」ということになる。何より「読者」が戸惑ってはいけない。ただ吉野氏の『職業としての編集者』が、回顧録であると同時に人生論でもあるのに対し、著者は「ビジネス書」というフィールドで三〇年以上、仕事を続けて身につけた「技術」を自信をもって書いた。あえてほぼ同名のタイトルで行くと決めたのは、優れた本、売れる本をつくることは編集者の仕事であり、出版界が混迷する今こそ、編集者はそこに〝職業〟としての価値と意味を見出すべきだと思ったからである。

本書が、これからの出版界の充実につながるとともに、「編集者」という〝職業〟を再認識させることを願いつつ——。

二〇一五・三・一〇